中华先贤人物故事汇

朱熹

郭庆财

著

中华书局

图书在版编目(CIP)数据

朱熹/郭庆财著. —北京:中华书局,2022. 11
(中华先贤人物故事汇)
ISBN 978-7-101-15802-1

Ⅰ.朱… Ⅱ.郭… Ⅲ.朱熹(1130~1200)-生平事迹
Ⅳ.B244.7

中国版本图书馆 CIP 数据核字(2022)第 120035 号

书　名	朱　熹	
著　者	郭庆财	
丛书名	中华先贤人物故事汇	
责任编辑	董邦冠	
责任印制	管　斌	
出版发行	中华书局	
	(北京市丰台区太平桥西里 38 号　100073)	
	http://www.zhbc.com.cn	
	E-mail:zhbc@zhbc.com.cn	
印　刷	三河市宏达印刷有限公司	
版　次	2022 年 11 月第 1 版	
	2022 年 11 月第 1 次印刷	
规　格	开本/787×1092 毫米　1/32	
	印张 5⅝　插页 2　字数 50 千字	
印　数	1-3000 册	
国际书号	ISBN 978-7-101-15802-1	
定　价	20.00 元	

出版说明

孔子周游列国，创立儒家学说；张骞出使西域，开辟丝绸之路；书圣王羲之，留下了曲水流觞的佳话；诗仙李白，写下了"举头望明月，低头思故乡"的名篇；王安石为纠正时弊，推行变法；李时珍广集博采，躬亲实践，编撰医药学名著《本草纲目》……

这些杰出的历史人物，有的是在中华民族文明进程中做出过突出贡献、对后世产生过巨大影响的思想家、政治家，有的是对中华优秀传统文化的传承传播发挥过重大作用的文学家、艺术家、科学家，有的是为国家安定统一、民族融合团结和中外文化交流做出过杰出贡献的军事家、外交家……他们为中华民族的繁荣发展做出了伟大的贡献，他们的行为事迹、风范品格为当世楷模，并垂范后世。

他们是中华民族的先贤人物。他们的思想、品德、事迹，是中华优秀传统文化的结晶；他们的故事，是对中华民族的禀赋、特点和气质最生动、最鲜活的阐释；他们的名字，在五千年中华文明史上最为光彩夺目；他们为五千年中华文明史书写了最为光辉灿烂的篇章。

为了解先贤，走近先贤，我们精心组织编写了这套《中华先贤人物故事汇》丛书，以翔实可靠的史料为依据，细腻动人的故事为载体，真实地呈现中华先贤人物的事迹、品格和精神风貌，彰显他们的贡献和功绩，激发人们对国家民族的热爱，对中华文明、中华优秀传统文化的崇敬。

开卷有益，期待这套丛书成为你的良师益友。

目　录

导　读

　　朱熹（1130—1200），字元晦，又字仲晦，是宋代理学的集大成者，被后人尊称为"朱子"。

　　朱熹出生时，金人铁蹄南下，南宋政权风雨飘摇。他少年丧父，随母投奔父亲的好友——建阳（今福建南平）五夫里的刘子羽，并在那里从学于刘勉之、胡宪、刘子翚三人。后来经过李侗的点拨，走上了理学的正轨，接续了二程（程颢、程颐）学脉，并由此上达孔、孟，成了一位醇儒。

　　朱熹是思想界的斗士。在南宋多元纷杂的思想环境中，他坚守理学立场，与不同的学术流派往复论辩。比如著名的"鹅湖之会"，他与陆九渊兄弟关于为学方法的争论，显示了理学与心学的不同学问路径。他与陈亮的王霸义利之辩更为激烈，两人的辩论持续了近四年之久。这些论辩并非朱熹的意气之争，目的在于指出治学的路径，为学界树立风标。

为了发扬理学，朱熹苦心孤诣，建造和修复了多所书院，如武夷精舍、沧洲精舍、白鹿洞书院、岳麓书院等等，并亲自授徒讲学，希望将修己成德的真学问发扬光大。讲学的同时他又勤于著述，在理学、经学、文学领域皆有论著，显示了宏阔的学术眼光。其中影响最大的是凝聚了他一生心血的《四书章句集注》，该书建构了以"四书"为核心的儒学体系，也成为元明清的儒学法典和科举考试的重要依据，影响中国人的思想近千年之久。

朱熹一生心系国运民生，曾多次入都奏事，直言无隐，除了申述与金人"不共戴天"的立场外，还涉及吏治、外交、财税、救荒、灾异等方面的改革，且寄望于君王的"正心诚意"，期待迎来南宋王朝的"中兴"。朱熹还多次在地方任上推行自己的政治理想，但都因触犯了权贵的利益，最终失意离任。

庆元六年（1200）三月，朱熹在理学学派最危殆的情势下，因病与世长辞。但他在学界播下的种子却早已萌发，且在身后迅速生长蔓延：他的理学思想体系得到了继任皇帝宋理宗的高度表彰，到了元明清时期，《四书章句集注》更成了科场的标准。朱熹得到了后世的帝王不断追封和神圣化，但对朱熹来说，这些过甚的抑扬都是浮云，它们对日月的光芒均无所损益。

启蒙和求学

一

南宋建炎四年（1130）九月十五日，福建尤溪的郑氏寓舍中，传出了婴儿响亮的哭声。朱松的第三个儿子降生了。孩子很瘦弱，样子也算不上出众，不过仔细一看，婴儿右眼周围有七颗痣，宛若北斗七星，真令人称奇。

"给孩子取个什么名啊？"夫人祝五娘问。

"尤溪古称沈溪，那就叫沈郎吧。"

"那大名呢？"朱松望向窗外，若有所思。此时熹微初露，柔和的光洒进屋内。朱松随口说："叫朱熹吧。"

这个孩子的降生就像那束阳光，给黑暗中的朱松带来了一丝喜悦。这是个多事之秋，也是南宋朝廷的危急存亡之秋。此前，金人为了消灭康王赵构的南宋政权，大举南侵，前锋直抵福建邵武，所到之处烧杀掳掠，在建州任职的朱松只好逃到政和县避难。约半年后，金人因遭到南宋军民的反抗开始北撤。金兵的铁蹄刚刚退去，福建的叛军和盗贼又纷纷作乱，闽北乱成了一锅粥。朱松只得带着怀孕的妻子再度逃难，最后到尤溪投奔好朋友郑德与，寓居在郑氏寓舍中，整日惶惶不安，只能暗暗祷告危难赶快过去。就在这一片战火和杀伐声中，朱熹出生了。这个可怜的孩子跟随父母、哥哥，经历了多年的饥寒和颠沛。数年之后朝廷内外才算安定下来，他的两个哥哥先后夭折，而他也已经五岁了。

朱熹自小与众不同。夜间在院子纳凉时，他总喜欢望着天空深思。有一天他指着天问："爹爹，天外面是什么呢？"朱松思来想去，只得说："天没有边界，没有内外。"谁知孩子皱起眉头，说："怎么会有无边的东西呢？就像这墙壁，墙的外面也总有东西啊。"朱松竟无言以对。那天晚上，沈郎居然没有睡着，他还在想天外的事。

朱熹五岁时上了小学。他除了识字，懂得六书、六甲之外，又懂得了更多的东西。放学后，别的孩子一哄而散，或者成群结队地追逐嬉戏，朱熹则在远处的沙地上独自写写画画。有一次朱松凑过去看，见他画的竟是八卦。真不知道那个小脑袋如何装入了那么多东西。

通过读书认字，朱熹知道了孔子、孟子这样的大思想家，也知道有一门能让人成圣的学问。那什么是圣人呢？肯定是世上最不平凡、最令人敬仰的人吧。他最喜欢读的是《孟子》。有一天读到"圣人与我同类"一句，他喜不自胜：原来，圣人不光只有孔子一个，凡人通过不断学习和努力，也能成为圣人啊。

通过老师和父亲的教育，朱熹才知道，在自己出生之前，宋朝的北方有那么多广阔的疆土已被金人侵占，大宋的两个皇帝竟然成了金人的俘虏。当今的皇帝赵构正在四处逃亡，甚至还乘船逃到了海面上去避难。后来金军虽然退去，却向南宋朝廷提出了苛刻的议和条件。赵构早已吓破了胆，正准备接受议和。朝廷里的主战派、主和派一直争论不休。在一番纷纷扰扰中，朱松被召到建康见皇帝奏事，事后也幸运地得以在朝廷留任，做了吏部员外郎。

绍兴八年（1138）皇帝定都临安，朱熹也就随父亲进了京城临安。在京期间，朱熹知道有一首流传很广的诗："山外青山楼外楼，西湖歌舞几时休。暖风熏得游人醉，直把杭州作汴州！"这首诗让他知道了南宋朝廷的苟且和昏聩，也开始明白：父亲为什么总是那样愤慨和忧虑。这年年末，权相秦桧的投降政策占了上风，决定与金议和，宋向金称臣，自动取消国号和帝号。这下，朝廷内外震惊了。朱松和范如圭、常同、凌景夏等同僚一共六人联名上奏反对议和，希望能扭转皇帝的心意，可等来等去，等到的却是秦桧在左仆射馆行跪拜礼接受金人国书的消息。这已经是绍兴九年（1139）的新年。在本该普天同庆的新年夜里，朱松哭了。他对儿子说："太祖（赵匡胤）的基业至今已经一百八十年了啊！如今只剩半壁江山，恢复中原还有何望！"朱松很快又等来了新的消息，这次是针对他的：他的上书得罪了秦桧，朝廷给他安上了"怀有异心"的罪名。朱松只好愤然南归。

次年，朱松携全家到了闽北的建瓯。他早年曾在建瓯城南的建溪旁修筑了一所环溪精舍，这里山水明秀，环境清幽，不但可以栖身，也是朱熹读书的理想所在。朱松赋闲在家，也有了更多时间教育朱熹，对儿子的督责也更严，他要把自己的经史文章之学倾囊相授。朱松精通经学，尤其擅长五经里的《春秋》；他同时也是理学传人，老师罗从彦是著名理学家杨时的弟子，而杨时又是程颢、程颐的弟子。他们这一派史称"道南学派"，是二程（程颢、程颐兄弟）理学传入福建的重要一支，最重视《中庸》一书的"中和"思想，也就是"喜怒哀乐未发谓之中，发而皆中节谓之和"两句，讲的是性情的涵养和调节，是要人时时处处都要保持心灵的平衡状态，一切自自然然，无不恰当。除了《中庸》，朱松还开始让沈郎系统地阅读了《论语》《孟子》和《大学》。朱熹虽读得辛苦，却耐得住寂寞，对这些典籍甚有兴趣，几个月后便能成诵了。朱松也是当时有名的文学家，诗名远播，且又喜欢欧阳修、曾巩、苏轼的古文。他教育沈郎不要刻意去学科举文，只要认真钻研欧阳修、曾巩的古文，自然能把文章写好。在朱松的悉心教育下，朱熹不但学问大进，而且文章出众，诗才超群，真是"雏凤清于老凤声"了。

有时，朱松会带着朱熹去拜访附近的朋友，也经常会有朋友登门来访。父亲和朋友们围坐在自家的桌案前，或探讨学问，或议论国家大事，痛斥秦桧卖国，经常谈论到深夜。来了兴致，就你一首、我一首，诗歌唱和不断。虽然朱熹年纪尚小，很少参与长辈的议论，但长期的耳濡目染，让他由衷钦佩这些学识渊博、见解高明又满怀赤诚的学者，也为这些优秀人物的壮志难伸感到惋惜。他逐渐熟悉了这些经常登门的长辈，如家住建阳的范如圭，是大儒胡安国的外甥，精通《春秋》之学。还有刘子翚（huī）、刘勉之、胡宪，都住在崇安的五夫里，父亲也曾经带他去五夫里去看望他们。另有一位李侗，住在南剑州的延平，曾经来过一二次，朱熹的印象并不深。而朱熹印象最深的一次，是跟随父亲去五夫里见刘子羽。

刘子羽是抗金名将，刘家可谓满门忠义，刘子羽的父亲刘韐（gé）出使金营，金人以高官相诱，刘韐不从，愤而自尽。刘子羽追随主战派领袖张浚，长期戍守川陕一带，曾身经百战。后来他被主和派弹劾罢职，从川陕前线回来，正奉祠在家（所谓"奉祠"，名义上是去主管了一个道观，其实是归乡闲居，但仍有薪水）。他是当地的富户，建了广阔的刘氏庄园，如今正在当地兴办学校，已经建了许多学舍，吸引了许多青少年来读书问学。胡宪、刘勉之、刘子翚就在这里教书，子翚就是子羽的弟弟。庄园南面就是武夷山，有九曲溪流、三十六青峰、九十九幽岩、七十二洞穴、真是人间仙境。其中有一座纱帽山，犹如巨大的屏风，下有潭溪水曲折如缥带。刘子翚改称纱帽山为屏山，刘氏庄园就在屏山下、潭溪水旁。庄园中有几处家塾，传出琅琅的读书声，还伴有闲雅的古琴声。朱熹一到这里就被吸引住了，他情不自禁地说："这真是个读书的好地方啊。"

　　庄园的主人刘子羽更让他一见难忘。子羽身材魁梧，声音洪亮，两道浓眉像利箭，目光烁烁夺人。一见了朱松便喜不自胜："乔年（朱松的字）兄，你来得真好！我已久候了！"

刘子羽早年也曾攻读经史，后来才弃文习武，追随父亲四处征战。他极为健谈，他的故事也最为传奇和精彩。他说起自己年轻时如何破方腊，父亲刘韐如何殉国，讲自己和张浚如何设计杀了叛将范琼，又如何同吴玠分兵戍守川陕，在和尚原、大散关击退金人，后来又团结军民坚壁清野，防卫镇江。朱熹在一边听得入迷，浑身也充满了力量。当朱松和刘子羽说起如今山河破碎，秦桧卖国，两个人竟都失声痛哭，刘子羽更是涕泗横流，双拳握得咯咯直响："乔年，我多想战死沙场啊！"他过的是隐士的生活，但又没法在山水中忘情。这位迟暮的英雄总是梦回疆场，想再次杀敌立功。

几天后朱松告别，子羽挽手相送，走了一程又一程，临别时还说："我很喜欢沈郎这孩子，我见他也喜欢这里，他要想来此读书，可以随时把他送来。"

这番话朱松、朱熹父子都记下了。他们也知道，这绝非客气话。

二

除了偶尔随父访友，朱熹几乎终日在环溪精舍中潜心读书，屏蔽了一切俗务。父亲朱松就是他的老师。自从迁居环溪精舍，一晃三年过去了，朱熹已是个十四岁的少年了。

朱松身体一向不好，这一年（绍兴十三年，1143）他生了一场大病，病情迅速恶化，三月末，朱松生命垂危。他看了看床前的祝夫人和沈郎，说道：

"我大限将至，放心不下沈郎啊。如今可以托孤的只有五夫里的刘子羽。他乐善好施，轻财仗义，而且大兴学校，名冠闽中。你们母子可以投奔。刘勉之、刘子翚、胡宪都是我最好的朋友，望沈郎以此四人为师、为父，发愤向学，不负我所望。不过——我须给子羽写一封信……"

朱熹赶忙把父亲搀扶着坐起来，朱松用颤抖的双手给刘子羽写了封信：

　　彦修（子羽的字）兄：见信如面。我长期

卧病，知道大限将至，最放心不下者就是熹儿，此儿年幼，但一向好学，因此冒昧托孤于您，望您助其成就学业，这样我死也瞑目了。夫人祝氏将携我儿前去，万望不弃。您与彦冲（刘子翚的字）、致中（刘勉之的字）、原仲（胡宪的字）都是我最好的朋友，请对此儿严加约束，万勿姑息。

写这封信他费了好大的力气。一番喘息之后，他好像又想到什么，吃力地说：

"我还有一位好友李侗，也是我的同门，他家住延平，是一位醇儒，学问高明，沈郎若得机会，也要去拜望。"

他又喘息了好久，最后，又努力握了下朱熹的手，就缓缓地松开了。

其实在那封信送达之前，朱松去世的消息早已传到了五夫里。刘子羽、胡宪、刘子翚、刘勉之专程来到建溪祭吊了朱松，并在胡宪的主持和帮助下，安葬了朱松的灵柩。又把祝夫人和朱熹一路护送到了崇安的五夫里，来到了众山环抱之中的潭溪。

刘子羽伸出大手摸着朱熹的头，对这位面容清瘦的少年充满爱怜。他说："你安心住下来吧。视我就如同你的父亲一样，不要再想家。"他回到内室，反复叮咛自己的夫人卓氏把朱熹视为己出，千万不能亏待。随后又把三个儿子——刘珙、刘玶、刘瑞——叫过来：

"今后朱熹就是你们的同学，也是你们的兄弟。你们无论是谁，决不能欺负朱熹。否则我决不宽恕！朱熹读书好，学问好，你们要多向他学习才是。"

刘子羽将他们母子安顿好后，又派人专门给朱熹建了一座紫阳楼，供他读书。大约两个月之后，书楼建成了。紫阳楼面对屏山而立，冬暖夏凉，竹木扶疏，远眺有悬崖飞瀑之胜。朱熹喜欢这里的风光，那缥缈的山岚，熹微的阳光和潺潺的水声，都那么美好。朱熹更喜欢这里的人，刘珙、刘玶、刘瑞都是热情懂礼的小主人，对朱熹关心备至。还有黄铢、魏掞（shàn）之、方士繇等同学都是从外地投奔来的，和朱熹境况相似，他们也很快成了好

刘子羽对朱熹说："你安心住下来吧，不要再想家。"

朋友。

这里的三位老师：刘子翚、刘勉之、胡宪，朱熹早就认识，现在越发亲近和熟悉。三人各有所长：刘子翚是刘子羽的弟弟，学向深厚，兼通经史，而且诗情洋溢，喜欢高声吟诵。他的诗风和陶渊明相似，风格萧散冲淡，极不喜欢流行的生涩瘦硬的江西诗风。子翚不但教沈郎写诗，还教他写作科举文，因为朱熹毕竟不能像自己一样终生隐居，科举考试才是这个年轻人必经的晋身之路。在朱熹十六岁时，刘子翚老师还赠给了他"元晦"的字，提醒他常怀敬畏心，不放弃内在的修养功夫。

刘勉之却不喜欢科举文，认为那只是"小道"，而二程、张载的学问才是圣贤之学，因此对伊洛理学之书下过极大的工夫，他的辞赋也写得极好，洋洋洒洒，文采富丽。

胡宪是著名学者胡安国的侄子，也是刘勉之的妹夫，他和勉之都精通《周易》，胡宪还对《论语》有深入研究，他注重把经典中的道理付诸实践，经常启发朱熹从日常的待人接物中去思考道理。

三位老师教学的地方在六经堂，是刘氏家塾，也是众多弟子共同的课堂。春秋时节，如果天气大好，三位老师还会不惜远路奔波，率领弟子们到武夷山的水帘洞讲学。瀑布宽有丈二，高悬如幕，水雾迷蒙，号称"今古晴窗终日雨，春秋花月一帘珠"。水帘洞内敞亮轩爽，可以容纳数百人，是讲学的天然胜地。除此之外，朱熹还经常去三位老师的住所登门问学。刘勉之住在萧屯草堂，胡宪住在籍溪山居，刘子翚在瑞樟书院。三位老师对好学的朱熹既爱赏，又严格。朱熹在三位老师的指导下，开始阅读周敦颐、张载、程颢、程颐的著作，他知道这几位先贤是老师们最崇敬的人，甚至被认为是孔、孟以后最伟大的人物，是儒家之道最忠实的弘扬者。

刘子翚老师还热衷于佛教，喜欢和僧人来往，其中有一位名叫道谦的僧人，常来瑞樟书院喝茶。朱熹对这位高僧也很尊敬。有一次，朱熹向老师刘子翚请教问题，师徒间有一番问答，道谦在旁边听着，微笑不语。等朱熹告辞离开，走到房门时，听背后的道谦说了一句：

"这孩子善悟，他也理会得昭昭灵灵的禅。"

朱熹一惊，虽然不知道他为何这么说，但这话就一直印在他脑子里了。朱熹了解到，这位道谦住在附近的密庵，是刘子羽的座上客，声望极大，还是著名禅师、号称"佛国皇帝"的大慧宗杲的弟子。他的话不多，但又似有玄机，而且来去随意，如闲云野鹤一般。朱熹一开始觉得他深不可测，渐渐地则由神秘变得亲近。因为老师们也常说儒佛本无二：佛教也讲修养身心，和儒家的"为己之学"并没有根本性矛盾。成佛靠自己，成圣也靠自己，不都强调内在的参悟么？刘子翚也鼓励朱熹多向道谦请教。道谦很多话都不循常规，却又包含了透彻的大道理，这可能就是所谓的"一刀两断"之语吧。朱熹出于好奇，开始读了一些禅宗语录，原来觉得深玄难懂的道理，现在似乎一通百通，且有一种让人欲罢不能的魔力。所以，绍兴十八年（1148）赴进士考试的时候，朱熹只带了一本《大慧语录》（就是道谦的老师大慧宗杲禅师的语录）就上路了。他在答题时掺入了一些禅宗的说法，居然就考中了。这更让他暗暗惊奇。

绍兴十八年对朱熹来说可谓双喜临门。他先是在正月成了亲，妻子就是刘勉之老师的长女刘清四。似乎是趁了新婚的喜气，二月，他参加科举也一考成功。可是幸福和不幸就像过山车一样循环往复：自己最敬爱的刘子羽伯伯已经在两年前去世，一年前刘子翚老师又去世，都让他像失去了父亲一样悲痛。婚后第二年，岳丈兼老师刘勉之也去世了。这些可亲可敬的先辈们既照料自己的生计，又引领自己走上学问之路，自己未曾报恩，他们就已撒手人寰了！如今"三先生"只剩下胡宪老师，他应诏出任福建路安抚司差遣，数年后又赴京城任秘书省正字，由于公务繁杂，朱熹和他难于一见，探讨问题的书信也逐渐少了。不过还好有道谦老师，朱熹经常前往密庵问道，或写信求教，这让他悟到更多更玄妙的道理。

三

考中进士后两年，朱熹又顺利地通过了铨试（吏部主持的考试），被任命为左迪功郎、泉州同安县主簿。不过，喜讯之后却又传来噩耗，道谦老师也去世了，朱熹的学问之路又一次失去了向导。他于是陷入了一种不知所从的迷惑。他在迷惑中又埋头读书、多方求索，就这样又过了一年，次年（绍兴二十三年，1153）朱熹才赴同安任。这年他二十四岁。赴任途中，经过南剑州的延平。朱熹突然想到：父亲临终前说过，这里有一位李侗先生，是一位学问高明的"醇儒"。朱熹小时候也曾经见过李侗，但那已经是十多年前的事了，印象已然很淡。今天经过，不能不见。

终于，朱熹在剑浦城南的樟林中找到了李侗的家。他的书斋有些清冷，飘着淡淡的茶香。李侗目光温和，话语并不多，却平和亲切。整个人就像沉静的海一样，微波下藏着深邃的力量。

简单的寒暄之后，李侗得知老友朱松已逝，不禁洒了一番热泪。好半天眼圈还是红红的。朱熹了解到李先生为人淡泊，一直不愿意出仕，在建州剑浦的山中已经生活了四十年。

当得知朱熹师从三先生后，李侗点了点头，说：

"刘、胡三先生也都是我的朋友，你且说说，在他们那里都学到了些什么。"

朱熹把三先生教授的《论》《孟》之学，以及二程理学说了一番，后来又把道谦传授给他的佛学道理大谈了一番，口头讲着，心里也有几分得意。他见李侗一开始认真地听着，微微点头。可听朱熹说起道谦的时候却皱起眉来，摇头说："唉，儒佛怎可混为一谈？只是笼统，只是含糊。"

　　这话像给朱熹当头浇了一瓢凉水。朱熹陡然一惊。

　　李侗接着说："你光顾着理会那些玄虚的道理，眼下事你又能理会得多少？不要好高骛远，要踏实务本，从寻常日用入手才更要紧。有机会你再下功夫读读《论语》吧！"

　　朱熹有些不服气："晚辈早已熟读过《论语》。那《论语》的精义和禅理有何不同，请您明示。"

　　李侗摇摇头，说："学问须入正路，你先找对了路再说吧。此后你如果想来，可以随时来找我。"

　　朱熹有些不快，心想：这位李先生不过是故作高深，说不定他根本就不懂禅。朱熹也不想多谈，便同李侗告别了。不过，他胸中的这丝不悦很快就被一腔豪情驱散了。这种豪情除了初出茅庐就要造福一方的志向，还有兼通儒佛的学问宏愿。于是他带着这样的豪情南下了。

绍兴二十三年七月，朱熹抵达同安。这是一座小城，为泉州的属县，号称"泉南佛国"。这里僧寺如云，钟磬远扬，空气中处处弥漫着香火气——那是从附近的梵天寺飘过来的，那是隋唐时期创建的佛刹，建有七十二庵，是他和几位好佛的朋友经常集会的地方。几十里外的泉州佛禅之风更盛，那里有唐代垂拱年间创建的开元寺，朱熹也曾多次光顾，并结交了许多禅僧，与他们交流佛法。

朱熹白天在同安县廨中埋头处理政务，到了晚上就在供他休息的西斋中发愤读书，天天如此，始终不倦。他觉得，读书能让他从烦冗的政务中暂时解脱，做一个思接千载、神交古人的高士。因此，他干脆把西斋改名为"高士轩"。他在轩中读儒家的书，也读佛经，而读得最多的就是《论语》。孔子的话平易隽永，又启人思智，渐渐地，他觉得这本书比佛书更亲切，能把他从佛禅的云雾中拉到地面上来，甚至成了他在同安为官处事的指南了。

绍兴二十六年（1156）春天，朱熹出差到了泉州的德化，住在剧头铺寺中。初春的寒夜里，他拥着被子，凑近如豆的灯光，继续读《论语》，读到如下一段：

> 子游曰："子夏之门人小子，当洒扫、应对、进退，则可矣，抑末也。本之则无。如之何？"子夏闻之，曰："噫！言游过矣！君子之道，孰先传焉？孰后倦焉？譬诸草木，区以别矣。君子之道，焉可诬也？有始有卒者，其惟圣人乎！"

子游和子夏辩论"洒扫应对"的事，子游认为学问应该探究根本道理，而不要像子夏的学生那样在洒扫应对的末节上浪费太多时间。但子夏却认为学问需要循序渐进，应先教以小事，后教以大道，圣人教学也不过如此。可谁说得对呢？似乎子夏正确，但学问务本不对么？他躺在微暖的被子里，翻来覆去睡不着。这时，窗外传来一声杜鹃的叫声。一刹那朱熹似乎福至心灵，他突然想到：程颢曾说过"理无小大"，洒扫、应对、进退等，事情虽小，可"理"并没有大小啊。他又想到：李侗先生说学问应从日常入手，洒扫、应对皆不可废，不就是《论语》的精神吗？他霍地坐起来，把那段文字又反复读了几遍，像大梦初醒，就再睡不着了。李侗严厉的眼光又浮现出来。他想：李先生一定会教给我大的道理。我必须再去找他！

不过，和李先生毕竟五年未见了。为避免冒失，他先给李侗写去了一封信，述说自己学习儒家经典的心得，信里已没有一丝禅意。不久后他收到了李先生的回信：

> 得知你为学的近况，足见近来笃志好学，甚慰甚慰！但需要常存此心，不要为外事所乱，繁杂和非分的念头就自然没有了。孟子认为，若能保持夜晚的清明之气，也便能葆有先天的良心。希望能够好好玩味。如此存养，才能修炼好自己的身心。希望与你共勉。

朱熹反复阅读了几遍，他觉得还要再读《论语》《孟子》才行。这次，他花了七个月的时间把

《论语》《孟子》分别作了注解，还找来了谢良佐的《论语解》作为参照。谢良佐是程颐、程颢的著名弟子，喜欢讲静中修养，说"近道莫如静"，也讲"就事上做工夫"，这和李先生很像。朱熹把他的书读了至少四遍，且用各色笔标抹，使那书看起来五色琳琅。下了这番功夫后，他发觉自己的认识已达到了一个新境界。时间到了绍兴二十八年（1158）正月，朱熹的同安主簿任期已满，二十九岁的他离开任职五年的同安，徒步往延平去见李侗，他坚信那位前辈会指给他学问的正路。走了许多天，他终于又一次敲开李侗家的门。

李先生没有丝毫惊讶，他显然满心欢喜，笑着说："你确实是乐善好学之人。既然不忙，你且留下来吧。我也想和你好好谈谈。"

李侗说："儒家学问广大浩博，关键是'理一分殊'四个字。这话伊川先生（程颐）早就指出了。意思是说：世间只有一个总道理，具体到天下万物，又各有其道理，千差万别。佛教只讲一个道理，不讲分殊。他们认为世间万事皆空幻，不须管他。从根本上就错了。

"之所以多次让你读《论语》，是因为里面讲了这个道理。孔子说'吾道一以贯之'，正是'理一'。《论语》里面讲的君臣、父母、朋友之道，以及言语行为、进退礼仪，强调的乃是'分殊'。和'理一'相比，'分殊'更为基本和要紧。学者可以随事以观理，时时可以学，事事可以学，从不脱离实际，最终必然能够达到对'一理'的融会贯通。

"因此学问贵在积累，研究学问贵在循序渐进，反复考究，钻研透了再去研究另一件。不要操之过急，也不要贪多，只要坚持，总会对天下的道理融会贯通，就像春冰融化，就像盐溶于水，来得没有痕迹。

"所以，无论研究学问还是处事，都要需要专心一意，把心管好。心不在焉乃是学问的大忌。只有'静'才能收住心。《中庸》说的'未发'即是'静'的状态。学者要善于观'未发时的气象'。

"所以，为学不但要从分殊处用功，也要从静处用功。"

这些话在朱熹听来，可谓振聋发聩。他后悔自己五年前没有听到这番议论，就自命不凡地离开了。如今可不能失去这个好机会。他每天向李先生请教、交流心得，两个月后才又返回崇安五夫里，一面奉养自己的老母，一面建家塾，开始授徒讲学。期间，他和李先生频繁通信，虚心请教，李侗也把儒学的要旨和解答逐一写到信中。几年下来，往返问学的信札也已厚厚一沓了。李侗为朱熹的颖悟和进步感到惊喜，眼前的这个年轻人既是弟子，也是自己论学的朋友，而且如今他脱胎换骨，学问已没有一点佛禅气。

朱熹也开始明白：学问可不是似是而非的东西，看似差不多的表述，内里却有着天壤之别。自己以前总是认为儒佛殊途同归，甚至以兼通儒佛而洋洋自得，现在想来真是荒唐，佛学的自心清净、一了百了，和儒学的经世济民显然针锋相对。儒学的"一理"和"万殊"，构成一个坚实的塔形结构，学者的为学路径也如登塔般笃实可循。自己以前好佛，好高骛远，希望"一朝悟罢正法眼"，实在是空中楼阁般的学问。

朱熹从此幡然醒悟佛禅思想的虚无，开始弃佛归儒。他感到庆幸，因为在困惑时遇到了能为自己指点迷津的人。他又想起德化那晚的杜鹃声，似乎是冥冥中对自己的提醒。他也早已懂得：考试、当官与真正的学问无关，读经、背诵也只是表面功夫，世间还有大学问等待他用一生探索。原来他所热衷的诗文写作也被渐渐冷落，他一心投入到理学问题的思考上来。

　　不过，对于李先生所说，他并不能完全领悟：又要静坐观心，又要眼睛向外，逐一研究事事物物的道理，内外之间如何统一，他仍旧有些无所适从。他也试着像老师那样静坐观心，想悟到些什么"理"，但都是徒劳。因此，朱熹仍旧有些迷茫。

北上临安

一

朱熹十多年来一直没走出过福建的山中，但并没有因埋头书斋而忘怀世事。李侗也不是一味死读书的腐儒，论学之余，他们也经常谈论朝廷时政。李侗摊开地图，师生的目光便齐聚在淮河彼岸的金朝，想象着北方百姓的苦难。他们也常谈论那个"中兴"的宋高宗，和被奸相秦桧杀害的岳飞。虽然秦桧已死，但是朝中又出了一个新的主和派汤思退，他打击主战派的狠劲儿一点也不亚于秦桧。当朝虽有一位著名的抗金领袖张浚，却备受压制。朱熹早知张浚的大名，因为刘子羽伯伯曾经做过张浚的幕僚，这位英雄的事迹，朱熹早已十分熟悉。朱熹心中早被父亲埋下了抗金的种子，而李先生的教导让这爱国的根苗越发茁壮。

"不共戴天，不共戴天！"李侗一字一顿地说了两遍："你要把这四个字贴在头上，把金人之仇时刻记在心上！堂堂中国怎能没有英雄！"

李侗这话不假。就在去年，金国皇帝完颜亮起兵五十万，大举南下攻宋，被一位名叫虞允文的英雄率兵击败于采石矶。完颜亮也为其部下所杀。金兵北退了。那位号称"逃跑皇帝"的宋高宗现在虽然用不着逃跑了，可仍像怕老虎一样害怕金人。绍兴三十二年（1162）高宗退位，住进德寿宫养老，把皇位传给太子赵昚，史称宋孝宗。孝宗登基时已三十六岁，他志向远大，对高宗的苟且度日一向不满。甫一即位，他就给岳飞平反昭雪，又任命主战派张浚为江淮宣抚使，开始为北伐做准备；这年的六月，又下诏求直言。时任福建安抚使的汪应辰是朱熹的远房表叔，向吏部侍郎陈俊卿推荐了朱熹。朝中宰相陈康伯、凌景夏也都向皇帝说过：朱熹是民间的著名学者，见识超群，希望皇帝听听朱熹的高论。于是隆兴元年（1163）三月，朝廷下诏命朱熹北上入朝。

朱熹却有些畏缩了：虽然高宗已退，但事情并不乐观，孝宗刚即位就准备北伐，可朝廷里主和、主战派之间争执不休，如何会有胜算？现在形势不明就贸然入都，又有何益！他想先放慢脚步，了解一下朝廷的态势再进京不迟。

真让朱熹猜对了。就在当年的四月，宋孝宗力排众议，把顽固的主和派史浩逐出了朝廷，任命主战派领袖张浚为枢密使，五月就毅然派张浚率六万大军出征。但这次出征显然准备不足。张浚的两位先锋李显忠、邵宏渊闹了矛盾，尤其是那个不争气的邵宏渊，刚占了宿州，就以为金兵太好对付，进了城就开始喝酒玩乐，提前庆祝成功。没想到金帅纥石烈志宁很快反守为攻，李显忠拼命苦战，邵宏渊并不发一兵一卒支援。最终宿州被弃，符离被围，李、邵二人一败涂地，虽然他们两人都活着回来了，但是六万大军几乎全军覆没。

这下可被主和派逮住了理。张浚被降职为江淮东路宣抚使，一大批主战派都迫于舆论压力，离开了朝廷，除了胡铨、陈康伯还坚持抗金外，其他的主战派都动摇了。显然，符离之败对皇帝的打击很大，他的热情开始冷却了。压垮他的复仇信念的还有太上皇。孝宗每天都要到太上皇的德寿宫中去问安，有一次跟太上皇说起收复中原的计划，高宗淡淡地说："等我百年之后再谈这事，可好？"

孝宗已经好几天没有合眼了。每次朝堂集议，他都要面对激烈的和战之辩，朝堂上的高声辩论久久回荡。尤其是主和派的宰相汤思退和主战派的胡铨，连续几次上朝都唇枪舌剑，争论不休，要不是他呵止，双方简直要挥拳相向了。孝宗一开始还端坐在龙椅上耐着性子听，没多久就头疼欲裂，只得宣布退朝。不过他知道：主和派占了绝对上风，他有些支撑不住了。

朱熹虽然不在朝中，可朝廷里发生的一切他都一清二楚。八月初的时候，他听说金国使者已经带来了议和书，条件十分苛刻：一、宋要向金称臣；二、宋要割让唐、邓、海、泗四州之地给金；三、宋要向金缴纳岁币；四、须遣还北方归附南宋的臣民。金已向宋朝皇帝下了最后通牒。朱熹简直要气炸了！正赶上这时朝廷要任汪应辰为敷文阁待制，汪应辰上奏说，愿意将这个职位让给朱熹。朝廷又催促朱熹入朝奏事，朱熹便不再推辞。他一定要试试，阻挡住这一股屈辱求和的逆流，哪怕螳臂当车，他也一定要给昏了头的新皇帝提个醒，让他知道战才能生存，和则是死路一条。

出发之前，他还将事先写好的三封奏札寄给老师李侗看。李侗回信说："一定要详论复仇大义，切记！"朱熹遵照老师所说的，把论奏复仇大义的第二封奏札重又修改了一番，才于九月十八日，迎着秋天的冷风慷慨入都了。

等他到了临安，大街小巷都在议论和金人讲和的事，还听说朝廷派了一位名叫卢仲贤的使者去金朝谈判，临行前，孝宗嘱咐：决不可答应给金人四州，其他三项也要据理力争。可卢仲贤听了汤思退的指使，又受到金帅朴散忠义的惊吓，一见面就把和约的四项条件全部接受了。朱熹走到街上，听见人们的叹息和痛骂："丧权辱国啊！这罪该万死的卢仲贤！"

隆兴二年（1164）的一月六日，朱熹入对。孝宗在垂拱殿面见了朱熹。这是接见文武百官议事的外朝正殿，并不算宏大，但清净又不失威严。

　　朱熹施礼后暗暗打量了一下孝宗，见他坐在龙椅上，神情庄重，又有些憔悴。孝宗见朱熹温醇儒雅，举止从容，知道是位饱学之士，先有了几分好感。他缓缓地说："多次听臣僚提起你。听说你尊奉《大学》的格致诚正之学，对帝王之道也有独到的见解，今日朕想听听高论。"

　　朱熹展开奏札："陛下，臣的学问以《大学》一书为根本，而《大学》以修身为本，自天子至于百姓，其立身处世，皆应该从修身开始啊。修身并不是空泛的道理，应该从格物致知入手。格物致知也并不玄妙，也就是要从寻常事物、日常活动中探寻道理，一一明白于心——这是'随事观理'。将此道理运用到天下事务当中去，当为则必为，不当为则必止，就能一切措置适当——这是'即理应事'。如能做到这两条，治国平天下没有不成功的。可是秦汉以来的学者花了大力气专门研究字词的训诂，唐代以来学者们又好钻研佛教、道教的学

孝宗见朱熹温醇儒雅，先有了几分好感。

问，太玄虚而不切实际。这两种学问或者太高，或者太低，共同的毛病都是脱离了实际。陛下您为人勤俭，清心寡欲，天下无人不知，可您君临天下以来，治国并没有明显成效。大概是陛下受字词训诂和佛道玄学的影响太多，而不能随事观理、即理应事的缘故啊。"

孝宗听了，并没有恼怒，而是神情泰然，说："你接着说下去。"

朱熹展开第二份札子："陛下，我要说的第二个是国家存亡大计。如今人们所论不外乎战、守、和三种。战为进取，而不可冒进；守可以自保，但难于持久；唯独讲和，最为下策！之所以这么讲，是因为既然生而为人，定要遵守仁义之道。仁莫大于父子，义莫大于君臣。我们和金人的君父之仇，真是不共戴天啊！与敌人讲和，天理难容！这样敌人的气焰会更加嚣张，人心会逐渐离散，届时国将不国了！看看徽宗时代吧，不也和金人讲和吗？结果如何呢？望陛下莫忘复仇雪耻啊！"

孝宗听完，心里咯噔了一下子，脸色也变了。朱熹这番话就像刀子，字字扎在心上。

"陛下，"朱熹似乎有些激动，接着展开第三份奏札："从历史上看，国运衰而复兴者并不在少数。大概说来，君主忧勤则国兴，逸乐则国衰。

西周的盛衰、中兴不就是如此吗？军事固然欲其强盛，而根本在于德业；边境固然欲其稳固，而根本在于朝廷；兵粮固然欲其丰足，而根本在于纪纲。而从我朝现状来看，德业还不算修，朝廷还不算正，纪纲还不算立。这是下臣我所忧虑的啊。所以请陛下勇于纳谏，屏斥小人，远离谗佞，这才是安邦立国之本啊。"

孝宗听完，面色凝重，颇有些不快。他很少听到这么犀利的奏对。许久，才说了一句：

"你且出去候命吧。"

朱熹退了出来。孝宗表情的微妙变化他察觉到了。他从皇帝的语气中听到了冷漠和抵触。他对孝宗的了解虽少，但眼前的皇帝显然不是自己想象中的一腔热血、从谏如流的君王形象。他不知道，此时的孝宗像个钟摆一样，在和与战之间晃来晃去。这个钟摆的背后有一只看不见的手在操纵，那就是太上皇赵构。孝宗想拒绝和约，与敌人再战，高宗就把他扭到相反的方向。

第二天，朱熹的除任令下来了，朝廷任命他为武学博士，而且他还要待次，也就是在家候阙。这简直莫名其妙！自己一个学者，如何去担任"精通兵书、弓马、武术"的武学博士！朱熹摇摇头，叹了口气，他心里凉透了。

二

朱熹本想就此离开都城，但仍有些不甘心：难道自己的一腔热忱就这样埋没了？他又听到传言说，远在扬州都督江淮兵马的张浚将被任为右相，即将入都。他的儿子张栻已先行入都，准备向皇帝奏事。

朱熹早就听说过张浚有一位才学超群的公子，名叫张栻，张浚对其教育甚严，长大后，他长期跟从湖湘的著名学者胡宏求学。胡宏就是自己老师胡宪的堂兄，他是当代的儒学新秀，长期住在潭州（今湖南长沙）。这么说来，张栻乃是自己的同道，他要把自己了解到的朝中的情况向张栻说明，如果可以，他还想见见张浚这位英雄。因此，朱熹打听到张栻下榻的住所之后，就专门去拜访他。

张栻字敬夫，比朱熹还小三岁。他头戴纶巾，眉目如画，谈吐儒雅，器宇不凡。两人一见如故，又讲起相近的师承渊源，更感到亲切，谈话便也直率无隐。

朱熹问："敬夫，你对当前朝廷欲与金人讲和怎么看？"

张栻说："我这次进京，一是要奏请官家（对皇帝的尊称）追究卢仲贤求和之罪，二是劝谏官家切不可讲和。这也是家父派我来的用意。"

"不过，这次北伐失败对官家打击很大，主和派占了上风，官家内心也焦虑无主。"朱熹就把自己面奏三札的经过向张栻说了一遍。然后说："听说官家有意任命令尊为右相，主战派举手相庆，可是我却担忧啊。"

张栻问："为什么？"

"令尊如果独自任宰相，伐金大事可成。但就朝中形势预测，令尊必然与汤思退分任左右相，汤思退是秦桧一般的人物，必然百般掣肘，最终会一事无成啊！”

"家父派我先来，也正是要再打探一下此事的虚实。感谢元晦兄提醒。"张栻说。

"希望敬夫见了官家，一定再次晓以利害，应以社稷苍生为念，切不可讲和啊。"朱熹顿了顿，说："我还要在临安住一段时间。如果令尊来了，我还应该当面拜谒。"

张栻点了点头。

朱熹告辞后，觉得张栻并非等闲之辈，他不但真诚、敏锐，且胸怀天下，两人的对谈也很默契。这次虽没顾得上谈学问，但朱熹觉得，这个人一定会成为自己学问上的同道。

第二天，张栻面见孝宗。孝宗早些年就见过张栻，颇有几分亲切，简单寒暄后，张栻就奏明了卢仲贤辱国的事，请治其罪，这一下子触发了孝宗的怒火，他立即下诏把卢仲贤下大理狱治罪。张栻见孝宗的锐气仍在，就借机详陈抗金大义。他极善言辞，一番话说得孝宗义愤填膺。孝宗一拍桌案说："和议不成，乃是天意。既然天意如此，今后当一心抗战，图谋恢复！"随即下诏：请张浚即刻进京面君。

张浚把军中事务料理停当后，随即启程赴京。十二月九日，张浚到了京城临安。在张栻的引领下，朱熹见到了仰慕已久的主战派领袖。他看起来六十多岁，须发皆白，但眉宇间英气夺人，令人肃然起敬。

朱熹说："久闻相公胸怀天下，不畏强敌。天下倚相公如长城啊！"

张浚长叹一声："惭愧得很。怎奈符离一战，一败涂地，有负天下苍生之望！"

朱熹说："相公，符离一战失败责任不全在您，李显忠、邵宏渊内讧也是重要原因。另外，朝廷准备不足就决定出兵，有些轻率。不过，如果当下出兵伐金，倒是一个不错的时机。"

张浚眼睛一亮："为什么这么说？"

朱熹早准备好了一张地图，展开在张浚面前，说："敌人如今刚刚取胜，有些懈怠，以为我方不敢出击，我们正可出其不意，予以痛击。相公试想此计如何：我方不妨分兵几路，虚张声势，引诱敌军。我若发兵关陕，敌人必救关陕；发兵西京，敌人必救西京；发兵淮北，敌人必救淮北。这样金人兵力必然分散。如此一来，敌人所在的山东地区自然空虚，我方集中几万精锐军队直捣山东，敌人首尾难顾，山东定可一举恢复。我们再号召山东豪杰起义，共同抗金，攻取中原和燕京自可势如破竹。"

张浚听完后，想了想，眼里的光芒渐渐黯淡下来。他说：

"元晦，你有所不知。我入朝途中才得到消息，汤思退他们先下手为强，轮番劝说官家讲和，官家在他们的蛊惑下准备重开和局，又派了王之望、龙大渊为通问使，到金国去和谈。恢复中原，恐怕难有机会了！"

朱熹说："相公，但是官家毕竟任命您做了右相，您还要抗争啊。左相汤思退是朝中的大害，是大宋臣民的公敌！您一定要联合主战者，击退那个尸位素餐的汤思退！"

"元晦啊！官家命我入朝为相，并非我所愿，是主和派的意思。他们想将我笼络在朝中，无法统兵。我经营的江淮都督府也快要被撤销了。为之奈何啊！"

张浚眼里泛着泪花。面对南宋的危局，他独木难支。朱熹此刻真正明白了什么叫英雄迟暮。他本来还有很多话想说，但又咽下去了。

果然，三天后皇帝的任命下达：张浚任右相，地位在左相汤思退之下。陈良翰、周操两位大臣上奏章重申北伐大义，很快被革职离开朝廷。汤思退趁机大进谗言，说张浚专横跋扈，目无皇帝，大量耗费钱财。果然，孝宗很快撤销了张浚辛苦经营的江淮都督府。张浚知道北伐大计已经无望了。他给孝宗先后写了八次辞呈，请求解职归田。孝宗也就准了奏。隆兴元年十二月，朝廷又派了胡昉、杨由义赴金国议和，宋金和议已经板上钉钉，主战派的用兵计划也将化为泡影。

就在朱熹四处奔走，为抗金寻求方略的时候，噩耗传来，早在十月十五日，他的老师李侗因为突然中风，在福州与世长辞。朱熹如闻晴天霹雳，悲恸几乎摧伤五脏。他想起，自己来临安前老师还为他修改奏章，对他的进京奏事寄予了厚望。谁料此次赴京一事无成，让老师如何瞑目！自己要马上回去，哭祭老师的亡灵！

朱熹怀着悲恸、义愤、失望，怅怅然地离开了临安，准备回老家崇安。友人韩元吉、刘珙前来相送。寒风凛凛刺骨，随即雪花漫天。临安的街市依旧繁华，热闹甚至胜过往常。街巷中传来零星的鞭炮声——因为，新的一年就要到了，市民都忙着辞旧迎新。与金人议和的坏消息，并没有把年味冲淡。

朱熹坐在马车上，碌碌车声碾过街市的红尘。他并不回顾，只觉得心乱如麻。他的学术之路由谁来指引，这个国家的危亡又将托于何人？他更不曾料到，八个月后，那位抗金英雄张浚也与世长辞了，主和派更加势焰熏天，汤思退死后，又有钱端礼扛起了议和的白旗。在这些人的推动下，隆兴二年（1164）闰十一月，宋金最终达成了和议：双方以东起淮河，西到大散关为界，南为宋，北为金；宋金为侄叔关系；宋向金缴纳岁币绢、银各二十万匹、两。这就是朱熹要迎接的新年，这真是一个悲伤之年。

南岳问学

一

朱熹这次进京很失落，但也并非一无所获。最大的收获是认识了两个好朋友——张栻和吕祖谦。他和张栻的相识咱们说过了。再说说他和吕祖谦的关系。

吕祖谦，字伯恭，人称东莱先生。他虽是婺州人，但早年随父亲吕大器居住在福州。吕大器和朱松是好友，大器出差泉州时又和时任同安主簿的朱熹相识，所以，绍兴二十六年（1156），朱熹携家由同安北归，经过福州时顺便拜访了吕大器，便也认识了祖谦。吕祖谦以博学著称，尤其精通史学，连《左传》《史记》都能熟读成诵。他为人敦厚，甚至有些木讷，并不喜欢高谈阔论，尤其不喜欢和人辩论，发表见解时也略显温吞，婺州口音很重，但又总是能切中要害。他曾跟著名学者林之奇学习《尚书》，从此更是学问大进。朱熹后来给他写信，他每信必回，而且非常客套。

这次朱熹来临安奏事，还抽空拜访了住在京城的韩元吉——吕祖谦的岳父，自然问起祖谦的近况。韩元吉告诉他：祖谦已经高中了进士科和博学宏词科，被任命为南外宗学教授，如今在婺州老家待阙。朱熹主动给祖谦写了封信，说：

伯恭，不见已经七年了，中间消息茫然。最近在韩丈（元吉）处才得知你高中进士和即将任官的喜讯。等我从临安返闽时，欲登门拜望，既表祝贺，亦慰想念之情。

朱熹临安奏事结束后，南归途中经过婺州，便专门去与吕祖谦见面。祖谦高兴坏了。他安排朱熹住下后，两人就开始切磋学问，几乎通宵达旦。

祖谦还带着朱熹共游了金华一带的名山。不过时间匆匆，朱熹虽兴致颇高，但毕竟还要回崇安哭吊李侗，就谢绝了祖谦的挽留，就此惜别了。

隆兴二年（1164）正月，朱熹终于到达延平，哭祭了老师一番。这悲痛中也包含了许多遗憾，因为自己对老师的思想尚未理解透彻，老师就仙逝了。李先生认为"静中体验"是首要功夫，"喜怒哀乐未发时"的内心体验最为高明中正，体验到了、把握好了才会处事无差，也才能过一种处处恰好的生活。朱熹懂得这些"道理"，但老师强调的不是"道理"而是"体验"，这种体验太神秘独特，很难言传。而且朱熹觉得，这和禅宗的坐禅、入定太像了，那会不会又走到佛禅的老路上去呢？自己始终不能领悟。朱熹一直被这个问题困扰着。

隆兴二年八月，又有噩耗传来：张浚在江西余干去世。他在一片和议声中抱憾而亡。朱熹要前去吊祭，一是要向这位英雄致敬和致哀，再者，他也想借机再见张栻。去年和张栻的临安相见非常投契，只可惜太过匆忙，没来得及畅谈学问就告别了，而现在正好可以向张栻请教。

朱熹听说，张栻正由水路运送张浚的灵柩，准备去潭州下葬。他便加快了行程，终于在九月二十日赶到了豫章（今江西南昌），由张栻带到舟中张浚的灵柩前，哭祭了一番。两人的情绪稍稍平复之后，开始在舟中每天论学。船在长江中日夜行进，两个人的学问交流也像江水一样缓慢流淌。

张栻是湖湘学派的领袖，号称尽得胡宏的真传，朱熹也借机了解到了湖湘学派的思想概貌。他们重视日常践履，强调在日常行为中下实在的修养功夫。首先，吃穿住行、待人接物等行为均是发乎此心，均是"仁"的外在显现，这种显现就是"已发"，因此在行为中注意自我反省是最重要的修养法，也就是"察识仁体"。其次，对日常行为的反省看似平易，但切不可马虎大意，要始终心存敬畏，也就是"敬中涵养"的功夫。第三，就"察识"和"涵养"而言，湖湘学派认为应该"先察识而后涵养"，因为"仁体"的端倪显现，才能有相应的涵养，否则无处用功，就和枯寂的坐禅没有区别了。

朱熹觉得这些说法很亲切，和李侗老师说的从寻常日用中去探究道理似乎不谋而合。但李侗老师强调体验喜怒哀乐"未发"时候的气象，只讲静而不讲动，只讲"未发"而不讲"已发"，只讲"涵养"而不讲"察识"，又似与湖湘学者相反。但他知道李侗老师学问严谨，"体验未发气象"的说法绝不是草率之言，他不能断然舍弃。所以朱熹仍然备感困扰。

此后，朱熹回到崇安五夫里继续读书，授徒讲学，期间也偶尔和张栻通信，交流自己的读书心得。时光荏苒，三年过去了，如今已是孝宗乾道二年（1166）。一天，他看书累了，就放下书本，走到池塘边踱步散心，池塘里清亮亮的流水源源不断，汩汩有声。朱熹突然想到：人的心灵不就像池塘里的水流吗？人从小到老，只要还活着，哪有心不动的"未发"时刻啊，就是睡觉的时候，心也还是在活动啊。就像水向低处流淌，完全是自然而然的，一点也不用费脑筋来安排、支配，这应该就是古人讲的"已发"啊。他想到此，激动万分，随即写下一首《读书有感》：

半亩方塘一鉴开，天光云影共徘徊。问渠那得清如许，为有源头活水来。

这种领悟，当然也有来自张栻的启发。所以，朱熹想要去湖南潭州再找张栻，把自己的心得跟他深入交流，但又苦于找不到恰当的时机。直到乾道三年（1167），他收到好友刘珙的一封信，原来刘珙已由朝廷调往湖南任安抚使，和张栻成了非常好的朋友，两人一起邀请朱熹前往潭州。朱熹高兴坏了。自从临安奏事后二人告别，朱熹和刘珙已经有三年未见了，那可是自己儿时一起玩乐、一起学习的伙伴啊。而且他得知刘珙已经重建了岳麓书院（南宋建炎、绍兴年间书院曾毁于战火），而张栻就是书院的主持者和主要讲学者。这次湖南之行，两个好朋友都能见到了。因此，八月中旬，朱熹带着弟子林用中出发了。

二

九月八日朱熹到达潭州，弃舟登岸，见张栻早已迎候多时了，但却不见刘珙。原来，刘珙已升任中大夫同知枢密院事，已经启程到临安参加轮对，因此两人无缘相会。虽有些遗憾，但并没影响他和张栻见面的喜悦。朱熹住在了城南书院的南轩——张栻读书讲学的地方，从此开始了长达两个月的会讲、论学，或在城南书院，或在岳麓书院，两者仅一江之隔，朱熹和张栻经常乘船往来于两地，莘莘学子也乘船相随，这就有了后世著名的"朱张渡"，这个渡口也成为橘子洲头最幽绝、最别致的风景。

两个月中，朱熹还接触到了彪居正、刘芮、吴翌、陈明仲、吴猎等多位湖湘学者，他们就理学问题无所不谈，议论风起，有谈笑和启悟，也有论辩和争锋。谈得最多的，一是"太极"的问题。朱熹和张栻都认为"太极"就是理，但张栻又认为"太极"的作用要通过"心"来实现，"心"和"太极"都属于最高的主宰者。朱熹认为"心"只是一种知觉，不能作为最高主宰。二是"中和"的问题。朱熹既然肯定了心时时刻刻均为"已发"，没有"未发"的时段，因此也基本认同了张栻"先察识后涵养"的修养方法，即从应事接物之处注意察识，而后涵养用敬。三是关于《论语》中"仁"的话题。朱熹以"爱"说"仁"："爱"是"仁"的表现，"仁"是"爱"的道理，两者是体和用的关系。张栻认为不能用"爱"说"仁"，因为"仁"是人的本性，"爱"是一种表现在外的感情，两者没有关系，不能用情来规定性。两个人有时候论辩得很激烈，但又非常愉快。一天，两天，三天，时间就这么过去了。

一天傍晚，会讲结束后，张栻对朱熹说："我们这些天只顾坐在书院里讨论学问了，也没来得及游赏一下南岳，尊兄难得来潭州一趟，不去南岳，岂不是辜负了大好美景！明天登山如何？"朱熹爽快地答应："那再好不过了。"

第二天，朱熹、张栻，以及朱熹弟子林用中早早地起来，从岳麓书院出发，先乘船渡湘江，过了石滩，来到岳麓山下。南岳衡山绵延八百里，共有七十二峰，南有回雁峰，北有岳麓山，中间是最高的祝融峰，挺拔俊秀，直入云霄。他们到达岳麓山下时，天上彤云密布，纷纷扬扬地下起雪来。遥望祝融峰山上的梵宫琳宇，一片银装素裹，如同仙境。虽然天气骤冷，登山的路也变得艰难，但三人反倒热情高扬，大踏步沿着山路攀登而上。

路上，张栻向朱熹介绍：南岳有四绝，分别是祝融峰的高峻、方广寺的幽深、藏经殿的秀雅、水帘洞的奇崛。衡岳的佛教文化繁荣，山上有方广寺、祝圣寺、福岩寺、上封寺、南台寺等众多古刹。在张栻的鼓舞下，朱熹来了兴致，下决心一定要登上祝融峰，体会一下一览众山小的豪迈。但山实在太高，山路也难行，他们一路逶迤，一边攀登，一边遥望高处灯火点点，那是山上的佛寺。天色已晚，夜空在白雪的映照下愈发寥廓。到达莲花峰上的方广寺时，张栻跟朱熹、林用中建议先住宿一晚，明天再登山。随即吟出一首诗：

玉井峰头十丈莲，天寒日暮更清妍。不须更咏洛神赋，便可同赓云锦篇。

朱熹和了一首：

三人热情高扬，沿着山路攀登而上。

月晓风清堕白莲，世间无物敢争妍。如何今夜峰头雪，撩得新诗续旧篇。

就这样，他们晚上住在了方广寺，第二天一早就向着祝融峰的方向进发。途中瞻仰了佛教圣地福岩寺，又经过南天门、上封寺，最终到达了南岳的最高峰——祝融峰。由山顶四望皓然，耳边风声响劲。下看湘江，像一条白色的丝带曲折环绕。朱熹诗兴大发，写下一首雄奇的诗作：

江流围玉带，天影抱琼台。拄杖烟霄外，中岩日月回。箕山藏遁许，吴市隐山梅。一笑今何在，相期再举杯。

但最为雄奇的还是下面这首：

衡岳千仞起，祝融一峰高。群山畏突兀，奔走如曹逃。我来雪月中，历览快所遭。扪天滑青壁，俯壑崩银涛。所恨无十犗，一掣了六鳌。遄归青莲宫，坐对白玉毫。重阁一徙倚，霜风利如刀。

这首诗风格豪迈，真有贯通天地的磅礴气象。

他们就这样一路走着，一路酬唱，还把这些诗记了下来。这些诗写得那么忘情，那么快乐，完全撇开了学者的矜持，就像撒下了一路歌唱。他们下山略一统计，已经积累了一百多首诗。朱熹突然严肃起来："咱们这几天作诗太多了，脑子里老在构思诗作，简直荒废了学问。咱们从此互相提醒，别再作诗了。"张栻知道，这是朱熹的"理学职业病"又犯了，觉得有些扫兴；不过三个人最终还是忍不住，又接连唱和了几十首才罢休。

二十四日，朱熹、张栻住在楮州（今湖南株洲），当夜两人对床夜语，几乎达旦。第二天清晨，两人双手紧握，互道珍重一番，才拱手作别。朱熹带着林用中上了马车，一路风尘，向着福建崇安进发了。

回到崇安，朱熹继续授徒讲学、著书立说。期间他常给张栻写信，除了表达思念外，主要还是讨论学问，尤其是"未发""已发"的问题。李侗老师就曾启发他：理学的问题绝不是从道理上说得通就行了，还须自我心灵的验证才行；思考固然重要，内心体验也绝不可忽视。可渐渐地，朱熹觉得他和湖湘学派所认同的"心为已发"其实是经不起体验的。他原来认为，心就是时刻不断的已发过程，不必刻意拘束。不过，他发现这样有放任自流的危险：等到种种躁动、浮薄的情感"发"出来，有了差错，再去下"察识"功夫，根本就来不及了。再想想湖湘学派的胡伯逢、胡广仲、石子重等人，大多任性放达，浮薄有余，敬畏不足，这是不是也有"心为已发"的不良影响呢？自己近来是不是也有这种毛病呢？他又想到，李侗先生的"体验于未发"不就是自我约束，对治浮薄之气的良药么？他经过反复地思考、不断总结，终于对《中庸》里的"未发""已发"有了新的理解：

　　未发、已发其实是人心灵活动的不同阶段或状态，也就是说，确实存在未发阶段，就是人心和外物没有接触、思虑没有萌生的阶段；当然，也有思虑萌动、情感发动的已发阶段。人心就像一口钟，悬挂在那里，不触是不会响的；一旦敲击，就会有响亮的声音发出。人在未发时要专一涵养，不可造次，才能让自己的心停停当当，一片清明。保持这样的心态，处事自然就没有偏颇。而待人接物、行为处事时，自然会有喜怒哀乐种种情感活动，在这个"已发"阶段，自我察识就很重要了。所以，不管是未发还是已发，心都应该是觉醒的，专一纯粹的，不做事时清清白白，做事时认认真真，而不是浑浑噩噩、跟着感觉走。这种贯通未发、已发的敬畏心态，就是理学家常说的"敬"。本来，"看守好自己的内心"是李侗老师思想的精华，可是他"静坐观心"的方法有些自我封闭，既压制了种种情感，也远离了人和事，并不太恰当。现在，朱熹用"敬"代替了老师的"静"，也就摆脱了这样的毛病。

他又觉得湖湘学派的"察识"功夫虽然不错，但还有缺陷：用心来察心，等于说是有两颗心，怎么能做到合理的省察？朱熹进而想：去察识心灵的端倪，不如具体考察外物，因为人不能光从自己身上反省，更需要做事，不但要奉养父母子女，还要造福百姓、贡献社会国家，这些都要以理解、认识外在世界为前提，自己的知识丰富了，处理社会事务的水平提高了，自己的人格水平也会得到升华。这样，他就用《大学》里的"格物致知"代替了湖湘学者讲的"察识"。当然，"格物致知"包括的范围很广，其中最重要的还是读书。经史子集都是丰厚的文化遗产，刻苦读书、丰富学识，对于"理"的认识也会越来越准确和深刻。

朱熹思前想后，心里的种种疑惑像春冰一样渐渐融化了。他又急忙去读程颐的语录和文集，越读越亲切，原来不明白的地方，这次竟然迎刃而解了。自己所思考的那些内容，程颐书中似乎都讲过。他读来读去，终于看到了十一个大字：

涵养须用敬，进学则在致知。

这两句话在他脑中熠熠生辉。自己目前思考所得，不就是程颐的这两句话吗？不管是未发还是已发，不管动还是静，都要保持警醒专一的心态，就是"涵养用敬"；同时还须向外考察事物道理，逐渐积累以达到豁然贯通，就是"进学致知"，两者内外相印证，融合成为学者的全部修养。看来，理解先哲的思想需要时间，走弯路也在所难免。前辈程颐虽无缘相见，最终却是他启发了自己，成为自己学问上的导师。他兴奋得睡不着，连夜给好友张栻写了一封长长的信，把自己的新思考全部写在了信中。

张栻收到了朱熹的信，看了好半天，只是紧皱着眉头，半晌无言。他又把书信交给自己的朋友胡伯逢、石子重、胡广仲、彪居正看了，他们开始议论纷纷，每个人都在摇头："怎么能这么理解！朱熹只是打着程颐的旗号，又标榜格物致知，必然使心向外走，那样既守不住心，也把握不好物啊。"

张栻没有表态。他随身带着那封书信，每天都要看几遍，讲学时也讲给学生听。一时间众声喧哗，大家纷纷说朱熹的说法太支离破碎了。张栻仍然没有表态。他睡不好，吃不下，不时地在纸上写写画画，要把这些纷乱的思绪理出个头绪。他想：一个学者不但要心存敬畏，严格自律，而且要有求知的热情和经时济世的担当，这是《大学》"格、致、诚、正、修、齐、治、平"所开列的人生大纲，也正是"中和"思想对学者的要求啊。想着想着，他额头上渗出汗来，情不自禁地说了一声："好!"便一气呵成，给朱熹写了回信，对朱熹的"中和新说"几乎全部赞同。信中还说：

反复拜读来信，我敬佩老兄学问体系的博大，更敬佩老兄在学问上自我突破的勇气。当然，观点有异，虽朋友也不能苟同，也正是学问最可贵的地方。

朱熹读了信，觉得那些文字是有热量的。朋友的勉励让他既感动又备受鼓舞。他已经从当初的懵懂、迷茫中走出来，脱胎换骨，虽然说不上"豁然贯通"，但学问的大体框架已经形成。这个过程如此艰辛，又却是一种难以言喻的幸福。他真心感谢这位千里之外的朋友。

江西论战

一

朱熹回到崇安后，一直住在五夫里的潭溪。乾道五年（1169）九月，母亲祝夫人病逝。朱熹将母亲安葬在建阳天湖之阳的寒泉坞，一方面为母守丧，一方面又不能废弃讲学，那就必须要有合适的讲学地点才行。第二年，他委托弟子蔡元定在芦峰云谷建了三间草堂，名叫晦庵草堂，作为中途歇脚的地方，两年后才完成。随后，他又在寒泉坞建了寒泉精舍，以接纳各地的学子。这样，朱熹就有了潭溪、寒泉精舍、晦庵草堂三个住处，而寒泉精舍是他讲学授徒、发愤著书的主要场所。

期间，朱熹和张栻、吕祖谦一直保持着频繁的通信往来。吕祖谦的来信中经常提到江西学者陆九渊的名字，赞扬九渊学问高明，其为人"笃实纯直，朋友间不易多得"，还说九渊曾读过朱熹的文章，想与朱熹相见。这让朱熹很感兴趣。吕祖谦信中又发出邀请：老兄明年能否来婺州一趟，共为天台雁荡之游；如果不能来，我明年春天就去闽中找您。

朱熹因故不能前往，吕祖谦却真的来了。淳熙二年（1175）三月末，吕祖谦带着弟子潘景宪，由婺州来到建阳的寒泉精舍拜访朱熹。两人相聚了一个半月，期间一起阅读了周敦颐、张载、程颢、程颐的著作，有感于四位前贤的学问博大，难寻门径，于是商量着要为天下读书人编一本理学入门书。经过反复讨论，终于在五月五日编成了，书名为《近思录》。这是对周、张、二程理学文献的摘录和分类编集，共622条，分"道体""为学大要""格物穷理""存养""圣贤气象"等十四卷，是理学的入门书和简明读本。周、张、二程的思想如同高山万仞，这本书则像给登山者指路的地图。

期间，吕祖谦又跟朱熹说起了陆氏兄弟：

"九渊字子静，陆氏六兄弟当中，九渊最年轻，却学问最大，才气最高，口才也好，弟子遍及江西抚州一带。他哥哥九龄，字子寿，也是我的好友，他学识通达，为人宽厚内敛，和九渊气质略有不同。"

朱熹认真地听着，眼睛发亮，说："我想知道他的思想主张。"

吕祖谦接着说："他受孟子的影响，重视本心良知，认为所有的道理源自本心，仁义礼智都是本心先天所具有的，撇开本心而去读书讲学都是舍本逐末。所以'发明本心'比读书讲学更为重要。他有一句名言：'我心就是宇宙，宇宙就是我心。'"

朱熹说："这不就是孟子思想的翻版吗？孟子说'万物皆备于我'，九渊不过换了个说法而已。只是太简易了。我倒觉得，'心'只是血气和知觉，它变化无常，是靠不住的，须要受'理'的主宰。还有，博学审问、格物致知是圣贤的遗训，九渊显然看轻了。"顿了一下，他对吕祖谦说："我一定要见见这位陆九渊。"

吕祖谦点头说："好啊。九渊和九龄也早想见你。你们思想分歧很大，正好可以当面交流一下。论辩大概是难免的。也好，理不辩不明，但是也别伤了和气，最好双方能达成一致。我们选一个离双方都不远的地方，呃——信州铅山有一个鹅湖寺，如何？"

朱熹点点头。吕祖谦说：

"那好，我给陆家兄弟写信约一下。"

两地不远，信很快就到了陆氏兄弟手里，他们欣然答应了，开始准备行装。

端午节已过，五月十六日，朱熹、吕祖谦和双方弟子一行由建阳寒泉出发，越过了巍峨的武夷山脉，走了十来天，最终在五月二十八日到达了鹅湖寺。

二

鹅湖在铅山东北十五里，周围有群山环抱，湖水明莹清澈，荷花正在盛开，在湖水中亭亭玉立，清香四溢，让人流连忘返。确实是朋友相聚的好所在。

　　陆九龄、陆九渊兄弟由水路进发，经历了几天的行程，离鹅湖很近了。晚上兄弟二人在客栈安歇，九渊想看书却看不下去，就把书阖上，对九龄说："兄长，咱们这次讨论正是为了学术异同，咱们两个不同，怎么和他们论辩。不如把各自的想法说一说，摆明道理，争取一致才好。"

　　九龄知道弟弟才高气傲，凡事必要争个高下，这是要先来个"热身赛"。九龄只好依从他，把自己关于为学的想法说了一遍，陆九渊听完，马上就端出了几个问题，把陆九龄问倒了。九龄觉得自己想得不太周密，晚上也没睡好，经过一夜酝酿，把自己思考所得作成了一首诗，第二天一早吟诵给弟弟听：

　　　　孩提知爱长知钦，古圣相传只此心。
　　　　大抵有基方筑室，未闻无址忽成岑。
　　　　留情传注翻榛塞，着意精微转陆沉。
　　　　珍重友朋勤切琢，须知至乐在于今。

意思是说，孩子从小就知道爱，长大知道敬重别人，这种心灵最为可贵，自古以来代代相传；圣贤所教给人的，就是要葆有这样的一颗心。谁都知道，有了牢固的房基才能建房，没听说过离开地面、凭空就出现了一座高楼或是高山；对于人来说，纯善的本心才是读书、做学问的根基啊。不去反省自己的本心，却忙着去为古书做注解，希望从故纸堆里面发现"精微"的道理，最后都是徒劳的，只能让自己的心变得滞塞、昏暗。最后两句说得很友好：今天真是难得的学术盛会，大家在一起切磋琢磨，定会增进大家的友情，真是人生的一大快事！

陆九渊听后，说："兄长，第二句'古圣相传只此心'不妥，至善的本心是每个人生来就有的，并不是圣贤的教育传下来的。不如改成'斯人千古不磨心'。小弟想借这一句凑成一首诗，与您唱和，怎样？"

九龄说："好啊，那你且想想。"

九渊一边走着，一边构想。不一会儿到了鹅湖寺，发现朱熹、吕祖谦已在鹅湖寺门前迎候，身后弟子有十几人。朱熹见陆九渊身量不高，体形微胖，三绺黑须，手里拿着一柄扇子，走路昂首阔步，声音爽朗。九龄略瘦，胡须花白，面带笑意，温厚可亲。吕祖谦向双方做了引见，兄弟二人上前来躬身施礼，朱熹还礼。双方进了鹅湖寺，寺内有一间宽敞的书室，大家落了座，有人上茶。又各自寒暄了几句后，吕祖谦作为中间人先引出话题，他问九龄："子寿兄学问有何新功，与我辈分享一下如何，我们愿洗耳恭听。"

陆九龄微微欠了欠身，笑着说："在下学问乏善可陈，惭愧啊。不过今早写了一首小诗，权且作为开场吧。还请各位赐教。"就把那首诗给大家吟诵了一遍。读到第四句，朱熹俯在吕祖谦耳边说："子寿已经上了子静的船了！"吕祖谦微笑着点了点头。随即说："九龄兄的诗确实不错，'传注''精微'两句颇为犀利，我和元晦都是做过'传注'的人，真是来者不善啊，哈哈。不过今天'朋友切琢'，确实是人生的'至乐'！"

陆九龄也笑了。九渊没有笑。他站起身来说："我方才和兄长走在路上，作了一首和诗，愿得元

朱熹、吕祖谦已在鹅湖寺门前迎候陆氏兄弟。

晦兄指教。"随即吟道：

> 墟墓兴哀宗庙钦，斯人千古不磨心。
> 涓流积至沧溟水，拳石崇成泰华岑。
> 易简工夫终久大，支离事业竟浮沉。
> 欲知自下升高处，真伪先须辨只今。

　　意思是说：人见到荒凉的坟墓自然就会心生悲哀，见到宗庙自然就会心生崇敬之情，这种本心自古以来不可磨灭。滴水汇成大海，拳石积成高山，而滴水和大海没有本质区别，拳石和大山也并无二致。就像人的本心，只要认真呵护，不断扩充，最终能够达到高山大海一样的圣贤境界。而做到这一点只需经常检点、呵护好本心，不要让它丧失，这样的工夫非常简易。而钻故纸堆、给古书作注，就显得支离破碎而不得要领了——这显然是在说朱熹的学问方法。最后两句说：想要知道学问的正路，提升治学水平，必须先要辨清谁对谁错，来一次"学术打假"，这似乎在影射朱熹的学问是"伪学问"，真是剑拔弩张，非常不友好了。

朱熹听到最后两句，登时变了脸色。显然他被触怒了。他说："子静兄这首诗我有些不解，'支离事业'指什么？读书作注么？'易简工夫'又指什么？反省本心么？心千变万化，难道任何时候都合乎道理吗？"

陆九渊说："我说的心，是人的本心，就是道理所在；可不是泛指坏心、诈心、贪惰心，那都是人丧失了本心才出现的。如果没有本心，是非的标准在哪里？成圣的根源又在哪里？"

朱熹说："仅葆有本心就可成圣了？那未免太简单了。这和禅宗的直指本心、见性成佛又有何分别？人所禀有的是天赋之理，每个人都是一致的。但人为什么千差万别、贤愚各异，是因为人所禀的气质不同，气有清浊，故人有贤愚。因此才需要读书学习以变化气质，以期成圣成贤，这绝非一朝一夕之功。而且，您既然说心即是道理，怎么证明您所见的就合乎道理，而别人所见的就不合乎道理？"

陆九渊笑了一声，说："我所谓本心即是道理，和佛禅的'直指本心'如何能混为一谈？至于人、我的区别，众所周知，本心人皆有之，凡圣无别，所以孟子才说'圣人与我同类'，但关键在能不能存心，有人存心，有人则放失了此心，因此才有悖理的言行。元晦兄学识渊博，想必也一定熟悉《孟子》吧。"

朱熹说："孟子说'博学而详说之，将以反说约也'，没有博学，何来的'约'？还有，子静兄既然好读《孟子》，看来读书讲学确实还是很重要，不能盲信本心啊。"

陆九渊立刻说："那我也请问元晦兄，既然读书讲学才可成圣，那尧舜是圣人，尧舜之前有何书可读？请您明示。"

…………

就这样你来我往，唇枪舌剑，但谁也说不服对方。吕祖谦只得调停说："九渊强调德性，眼光向内，晦庵注重问学，眼光向外，都难免趋于一偏啊。积累学问却没有主脑易流于支离，仅反省本心而不讲学问又太玄虚，像禅宗。就好比一串铜钱，必须用一根绳串起来才能拿走。九渊只有绳子而无钱，晦庵只有钱而无绳子。"

不料朱熹却有些激动："伯恭比喻虽好，但用于我却并不恰当。我的学问源于二程，从来都是以'理'为主脑，怎么说没有一贯之绳？"

陆九渊也涨红了脸，想要反击，九龄怕伤了和气，马上制止了九渊，说："好了九渊，好了。时间不早，我们先各自休息如何？伯恭兄，您说呢？"

吕祖谦点头："双方论辩甚为精彩，我也深受启发。不过论学之余，我们也别辜负了鹅湖的美景，我们还没来得及欣赏呢。咱们今天的讨论到此为止！"

六月八日鹅湖之会结束。朱熹、吕祖谦送陆九龄兄弟回抚州金溪。临别时，九龄私下握住朱熹的手，小声说："晦庵兄，舍弟言语间多有冒犯，请不要介怀啊。"

朱熹笑道："哪里哪里，切磋论学而已。您与令弟见识卓越，我确实受益匪浅。此次鹅湖之会，确如老兄所说，乃是难得的朋友切磋。此后还要多通书信才好。"

话虽如此，但朱熹从陆九渊的眼神中读到了一丝不服气，朱熹内心也有些许不快。最后，朱熹和吕祖谦才依依惜别，祖谦带着潘景宪返回了婺州的明招山。

三

四年过去了。

淳熙五年（1178）八月，由于宰相史浩、赵雄的举荐，朱熹出任南康军知军。次年三月，朱熹赴任途中住在信州铅山，陆九龄知道了消息，专门从抚州赶到铅山同朱熹相会，两人在观音寺又相见了。陆九龄说：

"晦庵兄，没想到又在铅山相聚了！上次鹅湖论辩获益甚多。分别后我反复品味您说的话，又精心阅读经典，觉得自己走了一条看似高明、而实际空疏的道路。舍弟九渊也有此病啊。"

陆九龄的真诚、虚心，令朱熹很受感动。他说："我也有不足。我在'道问学'方面用功虽多，但高明不足，子静说我'支离'其实也没错。你们弟兄确实也给我提了醒啊。"他顿了顿，"你们弟兄的诗写得也很有意思，现在我还记得。今天再会，不妨我也来和一首。"

陆九龄说："太好了。愿闻其详。"

朱熹吟道：

德义风流夙所钦，别离三载更关心。

偶扶藜杖出寒谷，又枉蓝舆度远岑。

旧学商量加邃密，新知培养转深沉。

却愁说到无言处，不信人间有古今。

意思是说：你们兄弟的道德才华我一向钦佩，自从鹅湖之会到现在已经三年了，我还时时牵挂你们。我没想到有机会能拄着拐杖出山谷去做官，也没想到您能屈尊大驾乘着小轿、越过群山来看我。我们难得再聚，再把旧学仔细讨论，融化为新知，也让我们的修养更为丰厚和深邃。不过，废弃读书讲学的做法实在不可取，一说到此，我恐怕古今学问的承传、积累都被遗忘了。这首诗热情真挚，可最后两句对陆氏兄弟也略有批评。

陆九龄显然听出了弦外之音。他脸一红，说：

"晦庵兄，我最近读《论语》最多，夫子所讲，都是寻常日用和礼仪进退的道理，亲切而绝不玄虚。这让我省悟到自己以前的路子走偏了。"

朱熹说："岂止是《论语》，令弟九渊喜欢读《孟子》，其实孟子也并不玄虚，他是将夫子的思想阐发得更详尽、更精微细密而已。讲'发明本心'不错，但不可抓住一点，不及其余啊。"

九龄点头称是。

朱熹又说："其实，葆有本心和读书求知应该并重，不能偏废。合你我两家之长才是正路，请一定将我此意传达给子静。"

两人聚谈了三天。临别时，九龄说："您即将去南康赴任，南康距离抚州金溪不远，期待我们下次再会。"

和九龄告别后，朱熹到了南康。他到任后除了兴利除弊、赈济灾民外，还修复了星子县的白鹿洞书院。书院建在庐山五老峰南麓，山气氤氲，风景天下独绝。唐朝李渤、李涉兄弟曾在这里隐居读书，因为身边常有一只白鹿相随，所以有了这个名字。五代十国时南唐又将这里升格为国学，称"庐山国学"。后来几经兴废，到了南宋初，宋金间的几番战火几乎将其摧毁。朱熹通过向樵夫打听，才在李家山找到了白鹿洞书院的旧址，用了不到一年的时间，将书院重新修复，建了二十间学舍，作为自己授徒讲学的所在。他还订立了《白鹿洞书院学规》，又请吕祖谦作了《白鹿洞书院记》，刻石于白鹿洞书院门外。

讲学从政之余，朱熹经常想起陆氏兄弟。陆九龄的来访让他倍感亲切，特别是说到陆九渊思想的转变，这让他对本无好感的九渊也有了一些想念。他通过吕祖谦了解到了九渊的近况：可能是受到兄长的影响，也可能缘于对自我学问的反思，九渊也开始重视读书讲学了。陆氏兄弟在抚州金溪的老家有槐堂书院，九渊在其中的"滋兰斋"发愤读书，还教育学生也要下细读、熟读的功夫。这样，鹅湖之会后的朱熹和陆九渊兄弟，都在向对方靠拢，取长补短。

可是，淳熙七年（1180）九月份又有噩耗传来，陆九龄不幸病故。朱熹回忆起鹅湖之会上九龄的敦厚宽宏，想到两人在观音寺的彻夜长谈，想到分别之际九龄所说的"期待下次再会"，不禁潸然落泪。悲痛之余，他作了《祭陆子寿文》，这篇饱含深情的祭文，陆九渊也读到了，而且深受感动。他本来也想再见朱熹论学，并借机表达谢意。于是次年二月，陆九渊带领几名弟子到白鹿洞书院来拜访朱熹。

两人再见，已没有了鹅湖之会时的剑拔弩张，而是一团和气。陆九渊的脸上还有九龄去世所带来的憔悴，但因见到朱熹而一时光彩洋溢。两人都发自内心地觉得亲近。九渊稍事休息后，朱熹邀请九渊共游落星湖。两人各携弟子泛舟湖上，随波浮游，任意东西。朱熹见波光澄碧，一望渺然，不禁叹道："自开天辟地以来，便有这溪山，不知什么时候还会有我们这等佳客！"说着开心地大笑了。九渊也笑了，笑声在落星湖上回荡。

第二天，朱熹请陆九渊为书院学生登堂开讲。白鹿洞书院的学生都知道这位陆九渊非同寻常，他可是敢跟朱夫子叫板的人。大家早已静候多时。陆九渊登堂，讲的是《论语》中"君子喻于义，小人喻于利"一章。他说：

"义和利的区别，不是说哪件事有利，哪件事有害。而是同一件事，你用公心去做、去看待，就是义；你用私心去做，去看待，就是利。志在于义则为义，志在于利则为利。所以分别义利，也就是分别君子和小人，其关键在于'辨志'。

"比如科举制度延续了几百年了，是无数王公权贵的必由之途，今天的读书人参加科举也无可厚非。但如果将科场成功作为人生的追求，和向人炫耀的资本，那你的'志'就太卑微了。虽然你读的是圣贤之书，但却和圣贤之道背道而驰了。由此说来，那些计较官职高低、俸禄厚薄的人，又如何能关心国事民瘼，而不辜负他的官位和皇帝交付的责任呢？这就是'志'不在'义'而在于'利'啊……

"如果能专心致志去追求'义'，博学之、审问之、慎思之、明辨之、笃行之，就算是科场之事也是圣贤之事，与圣人之道完全一致。以此心做官，勤勉为政，不为一身富贵算计，那一定能成为良心官员，也一定是君子。我愿与诸君共勉，不负所志。"

陆九渊热情洋溢，口若悬河，既有抽丝剥茧的理致，又不乏滔滔洪流的气势。白鹿洞的上百名学生都被深深感染了，有人竟然流下泪来。朱熹也为陆九渊的演讲所吸引，虽然当时只是初春时节，可朱熹却听得身上出汗，不停地挥着扇子。等九渊演讲结束，朱熹站起来总结说：

　　"陆先生的义利之辩讲得真好！我在白鹿洞讲学已久，从没讲到这个地步。幸有陆先生到此，为我们指出向上一路。我们不要忘记陆先生今日的教导。"

　　书院学生集体站立，行礼致谢。演讲非常成功。朱熹请陆九渊把讲义整理书写，并刻了碑立于白鹿洞书院之外。两日后朱陆二人告别。和鹅湖之会后的告别不同，这一次两人还真有些不舍。

好友和对手

一

　　淳熙八年（1181）的闰三月，朱熹从南康卸任东归，四月十九日回到崇安的家中。可没承想，居家三个月后，竟又得到了吕祖谦去世的噩耗。三年来，他接连听到好友故去的消息：淳熙五年八月刘珙去世，淳熙七年二月张栻病逝，九月陆九龄病逝。他还没从悲痛中走出来，挚友祖谦又去了，留下了等身的著作。朱熹在家中洒酒一杯，以表祭奠；又寄去一篇祭文，以哀悼自己这位温和敦厚的老友。

　　几天后朝廷下来了新的任命：朱熹改除提举两

浙东路常平茶盐事——这是出于宰相王淮的推荐，职责是赈济灾民，通过仓储发放钱谷，为灾民提供生命保障。因为当时浙东发生了严重的饥荒，形势紧迫。朱熹深感责任重大，他提出要面见皇帝奏事。因为他想，既然赈灾，需要有皇帝的"尚方宝剑"才行。

朱熹在弟子黄榦（gàn）的陪同下到了临安，在延和殿再次见到了孝宗，上了七道奏札，并提出：既然要赈救灾荒，就请皇帝拨发钱粮，并免除第二年的丁身钱（即人头税）。令他欣慰的是，这次奏事比以前顺利得多：他对孝宗的批评，孝宗容忍了；他提的请求，孝宗允准了。

朱熹这才乘着车马上了路，奔赴浙东去赈荒。从淳熙九年一月开始，朱熹先后巡历了绍兴府、婺州、衢州，访察荒区。他看到路旁堆积着饿死的尸体、拿着空碗讨饭的人群，听见失去母亲的婴儿的啼哭。这样的惨状让他心碎，以至寝食不安，但他毕竟在南康任上时积累了一些赈灾经验，并没有被惊得不知所措。他一路拨发钱粮，免除当地租税，还不忘一路毁掉臭名昭著的秦桧祠堂，以正人视听。仅此还不行，朱熹想：这次旱灾不仅是天灾，也是人祸，贪官污吏和恶霸豪强经常截留赈济灾民的钱粮，中饱私囊，所以必须详察，冒死也要弹劾那些发国难财的黑心官吏。

朱熹巡历到金华时，自然想到了新亡的挚友吕祖谦。刚刚下车，他就找到祖谦的弟弟祖俭，一起去哭祭祖谦的坟墓。他想起隆兴元年，自己经过婺州，吕祖谦曾那么热情地迎候、款待自己，两人对床夜语，娓娓不倦，后来又无数次寄书论学。不想，再到婺州所见的已是祖谦的坟墓。他再也抑制不住悲痛，又一次痛哭失声。

哭祭完祖谦后，吕祖俭带他回到武义明招山的丽泽书院安歇。有吕氏弟子告诉祖俭："陈同甫来了。"朱熹随同祖俭走到正厅，见眼前一位身材魁梧的青年人，红润的面庞，目光锐利夺人，眉宇间透着英气，身上穿着一件简陋的粗布衣服，看来并无功名。祖俭赶快介绍说："这是陈亮，字同甫，家住永康，是我家的常客。"然后指着朱熹说："这就是朱元晦先生。"陈亮便上前施礼说：

"朱先生好，前两天得知了您前来的消息，

吕祖俭向朱熹介绍说："这位就是陈亮，字同甫。"

特从永康龙窟山赶来拜望。"话语不多，但声音响亮，中气十足。

朱熹赶忙还礼。他早听说过陈亮的名字，知道陈亮是吕祖谦的至交。他还从祖谦那里听说，陈亮饱读诗书，才高八斗，文风雄放，颇似苏东坡，而且为人恃才傲物，自称"人中之龙，文中之虎"。今日见了，果然是龙虎之相，心里便生了几分敬重。

两人落座，茶水端了上来。陈亮先是长叹："四海相知，唯伯恭兄一人！我一向生活窘困，幸亏伯恭兄对我多有照顾，可是谁想他去得这么早！"祖俭在一旁也长叹了一声。

朱熹点点头，感到陈亮是个义气深重的人。他见陈亮眉头紧锁，似有郁愤不平之意，便问他：

"同甫兄近况如何？"

这一问，陈亮便打开了话匣子：

"唉！诸事不顺，功名事业一事无成！父亲下狱，母亲和祖父母相继去世，我竟无法安葬！连妻子都回了义乌的娘家。我也多读儒家典籍，也会写文章，可参加过四次科举，竟都以落第告终。我明白了，科举考试除了考一些文章套子，就是弄些偏僻的题目百般刁难，就算考上了，对国家中兴又有何用！

"当然最不顺的还是国事。宋王朝局势危殆，上下苟且偷安，如何才能中兴！我朝一向重文轻武，简直成了病态，武事颓废不振，如何防卫疆土！都说以史为鉴，当朝帝王将相都应该好好读读历史，学学古代的创业英雄。"

朱熹问："那同甫兄说说，要怎么学？"

"我朝要中兴，皇帝须有汉高祖、唐太宗的胆魄，当然更要学光武帝。光武帝昆阳一战以少胜多，取得大捷，我朝怎么就不能？臣僚也要学光武身边的邓禹、耿弇，还有蜀汉的诸葛孔明。孔明以大智大勇忠心扶汉，辅佐先主三分天下有其一，是何等英豪！我朝怎么就没有？朝廷只知道送给金人子女玉帛，可就是不能满足他们的胃口。张浚死后，朝中一片讲和之声，再没有英雄了！靖康之耻已过去五十年了，大部分朝臣恐怕都忘了。一日苟安，数百年之大患！真让人气闷至死！"

"那你为何不向皇帝上奏疏，进献你的中兴大计呢?"

陈亮苦笑了一声:"我何尝没向皇帝进言!淳熙五年,我二十天内向皇帝上了三道奏札,劝皇帝任忠良,远佞人,复仇雪耻,可谁知偏偏就得罪了一批奸佞之人。曾觌、赵雄一班人从中作梗,阻塞言路。如今宋家天下佞臣当道,夫复何言!唉!"

"那你现在以何为生呢?"

"教书。有十几位学生,收点微薄的学费勉强度日罢了。只不过免于断炊。"

说到向皇帝上书而没有下落,朱、陈两人的经历很有些相似,说到朝政的苟且、士风不振,说到对朝廷中兴的渴望,两人也甚为投机,甚至有一种相见恨晚之感。陈亮邀请朱熹到自己家中叙谈,朱熹欣然同意了。和吕祖俭告别后,两人乘着蓝舆,一路谈着,一直到永康县东北五十里的龙窟山下——陈亮的家中,又聚谈了几天,朱熹才离开永康,继续他的巡历。

虽然公务烦冗,但朱熹始终没有忘记陈亮这位好友,两人的书信也一直没有间断。在朱熹心目中,陈亮这个朋友的分量越来越重,他同情陈亮的遭遇，理解他的愤世嫉俗，也敬佩他的眼光、才干和见识。虽然他并不太喜欢陈亮经常鼓吹汉高祖和唐太宗的功业，认为那是不仁不义的霸道，不该提倡，但又想：这又有什么关系，自己和吕祖谦、张栻不都有分歧么，这并不妨碍他们成为很好的朋友啊。祖谦、张栻均已不在，和陈亮的切磋琢磨，恰可督促自己的学问不断精进。

二

七月十六日，朱熹开始了第二次巡历。等他南下到了台州，发现了一桩要案：台州知州唐仲友并不救灾，还借机贪污，灾荒中仍旧催缴租税，搜括民财。唐仲友自己经营海鲜生意，依仗权势强买强卖，不许他人染指；他还用公款为私家印书、卖书，甚至还伪造"官会"（即印假钞）。唐仲友的儿子、亲族盘踞在台州府衙，为虎作伥，构成一张权力大网。除了这些，唐仲友还私藏官妓，像什么严蕊、沈芳、王静、沈玉，都被他据为己有。唐仲友是当时颇有名望的一位学者，竟做出这么多龌龊的勾当。朱熹了解清楚之后，给皇帝连上了四道奏状弹劾唐仲友，说他是一个披着学者外衣的蠹虫。

没想到四道奏状都到了宰相王淮手里。王淮势焰熏天，又是唐仲友的亲戚和同乡。他偷偷扣下了第二、三、四状，只把第一状给孝宗看。孝宗问王淮："朱熹弹奏唐仲友灾荒之中催督租税，民怨很深，你有所听闻么？"

王淮说："陛下，您不能只听朱熹的一面之词。万一唐仲友是被冤枉的呢？您应该听听唐仲友怎么说，再做裁决。"

皇帝觉得有理，就请唐仲友上章自辩。唐仲友吓得茶饭不思，编造了一些借口，对朱熹提出的罪状矢口否认，还说：自己上任以来修筑了台州的中津桥，淳熙八年台州受灾自己曾经赈济灾民，这次自己又为灾民做了许多实事。朱熹是恶人先告状，他自己才是一个鞭挞百姓、搜括民财的贪酷官员，请官家明察。

自辩的奏章到了孝宗那里，孝宗也没了主意，便问王淮："你看此事如何处置？"

王淮眼珠一转，说："这事我有耳闻，朱、唐两人都是学者，朱熹信奉程颐的洛学，唐仲友信奉苏轼蜀学，两人学问的分歧越来越大了，开始怨恨对方，在政务方面也互相拆台。说到底就是秀才争闲气，没有什么可深究的。"

孝宗想了想："朱熹我曾见过两次，在学界名声很大，臣僚也多次赞扬其为人忠直、学问正大；唐仲友我却了解不多。你即日安排有司查办此事，不可姑息。"

王淮暗暗高兴。他委派浙西提刑司到台州查办唐仲友贪污一案，又敦促朝廷将朱熹调离台州——免得朱熹再插手此案。这种伎俩朱熹当然明白，他干脆破釜沉舟，又上了第五、第六道奏状弹劾唐仲友，以更犀利的言辞、更详实的证据揭露唐仲友贪污造假、欺瞒皇上，而且和朝中宰相串通一气，共同舞弊营私。接着又连上三道奏状请求弃官归隐。最终，朱熹领到了一个"主管台州崇道观"的闲差，并于九月下旬回到了崇安老家。巡察台州的事也就半途而废了。唐仲友也获得从轻处置，罢职了事，没有处以刑罚。

朱熹有些累了，也厌了。官场盘根错节，官员们互相勾结包庇，形成一张无所不在的关系网。正人君子难以立身，更不用说有所作为了。他想起了古人的话："君子藏器于身，待时而动。"既然正道难行，那就静静心神，重新回到著书讲学的老路上来吧。这些年来向朱熹问学的弟子越来越多，原来的寒泉精舍、云谷精舍都难以容纳，必须找个更大的地方作为讲学场所。其实他早在武夷山中选好了地址，自己少年时在紫阳楼读书，就梦想着有朝一日到对面的武夷山中安家，如今正好是实现这一愿望的时候。武夷山下有九曲溪，第五曲处有一座充塞天地的大隐屏，凝苍叠翠，磅礴雄深，真可谓人间胜境。朱熹的选址就在大隐屏下。第二年（淳熙十年，1183），朱熹开始修筑武夷精舍，四月份落成。精舍比较简陋，但儒风蔚然。朱熹与弟子整日讲诵啸咏，弦歌不辍，把这里变成了又一个学问圣地。

但是，树欲静而风不止。朱熹弹劾唐仲友的举动早已惹恼了王淮。王淮对朱熹和他的道学本来就没有好感，他当初推荐朱熹作浙东提举也是别有用心，想借机把他排除在朝廷权力之外。这一次王准更要挟私报复了。要打击朱熹，必须釜底抽薪，须把他的"道学"扣上恶名，把他的追随者一网打尽。王淮授意吏部尚书郑丙、监察御史陈贾向朱熹发难，说朱熹他们的学说其实是披着"道学"外衣的"伪学"，欺世盗名、惑乱人心，求皇帝对道学人士摈弃不用。

不过这些都是乱扣帽子，朱熹行为磊落，没有把柄可抓，他们也编不出一点像样的罪名，就用了杀鸡儆猴的策略，先后驱逐了道学人士彭仲刚、王希吕、袁枢、王子忠、张构。让人意外的是，这帮反道学人士反来反去，竟然反到陈亮这里来了。他们诬陷陈亮曾经参与过婺州当地的一桩谋杀案，把他关进监狱，实施了审讯逼供和种种凌辱，但审来审去，最后也没得到陈亮杀人的确凿证据。幸好陈亮的好友叶适等人施以援手，陈亮服刑七十八天后终于被释放。

陈亮出狱后，在家生了一场大病，险些死掉。叶适、辛弃疾等人都来信安慰，朱熹也写了信，却没有一句客套话。大意说：

我听说您出狱了，首先为您的苦难结束感到高兴。不过，也希望您以后处事要多加收敛。因为您平时不喜欢约束，也不喜欢儒家礼法。吕伯恭曾委婉地批评过您，但我觉得作为爱您的朋友，不必迂回婉转，直率地讲出才好，因为能讲逆耳忠言的人才算挚友。

　　我虽不知您这次遭遇灾祸的具体缘由，但似乎与您平日的言语行为不无关系。所以希望老兄要认真反省一番，改改自己的烈性子和小毛病，以一个正大纯粹的"醇儒"来严格自律，同时希望您放弃"义利双行，王霸并用"的学术观念，那您的学问事业就会愈发光大了。

　　陈亮在病中接到朱熹这封来信，越看越觉得气闷。他想，如果真是好友，应该明白我的处境和无辜，这件事我有何罪？不还是因为我被误认为道学中人才遭了暗算吗？自己从来不相信什么道学，竟然成了道学的牺牲品，这真是莫大的讽刺。朱元晦这样的指摘，和伤口撒盐有何区别！还有，我何时说过"义利双行，王霸并用"的话？陈亮想来想去，简直如鲠在喉，不吐不快。想到朱熹九月十五日的生日快到了，恰好可以借祝寿的机会写信陈明观点，他于是奋笔疾书，略叙寒温之后便进入了正题：

　　吕伯恭是我最好的朋友。他对我的教导、劝告可以说言无不尽，并不像您说的那样，对我的缺点有所回护，只是我不能完全遵守罢了。

　　如今我遭的这场灾难，虽有咎由自取的一面，但也可以说是一场不幸。当权者本意在打击道学党，认为我倚仗了老兄您的权势四处搜求贿赂。荒唐！这与我有什么相干？我口说得，手做得，本就不是闭眉合眼、稀里糊涂去投奔道学党的人。

　　如果说到研究精微的义理，辨析古今的同异，讨论心性的关系，讲究礼法和规矩，我陈某相较于当今儒生确实不如，但堂堂之阵，正正之旗，推倒一世之智勇，开拓万古之心胸，像世俗所说的粗块大脔，吃饱有余但精细不足，那恰是我陈亮的长处。

您说我"义利双行，王霸并用"，可见您对我前后的言论并没有真正读透，因此我不敢不详尽地坦陈一番，并向您求教。

关于王和霸、义和利，是人们经常讨论的话题，尤其是程颢等人，认为夏商周三代以正道治天下，汉唐以智力把持天下，甚至说三代专是天理，汉唐专是人欲，汉唐只是偶然与"天理"暗合，所以能维持长久。如果真是这样，那一千五百年的历史，天地只是勉强存续，人心也是在苟且度日，怎么会有万物的昌盛和道的长久呢？所以我认为，汉唐的皇帝境界算得上宏大开阔，所以能使他的国家与天地并立，人物得以生息繁育；但时运转移，中间不能不有所欠缺。"专是人欲"这个说法放到曹孟德身上倒是可以，放在汉高祖、唐太宗身上岂不冤枉！高祖、太宗地下有灵，又如何能心服！

汉祖、唐宗虽然杂有霸道，其实是以王道

为根本啊。那些儒生们把自己讲的那一套称为仁义和王道，把汉唐的成功批评为霸道，非要把这两者对立起来，这才是"义利双行，王霸并用"哩。我陈亮的言论却是直上直下，认为王和霸只是一个道理。

朱熹见来信情绪激昂，知道自己的信惹得陈亮不满，来信所说的"闭眉合眼"云云，不正是对道学家的反唇相讥么？朱熹也有些生气，自己一番药石之言陈亮全不理会，看来他对自己的毛病一点也没有反省。朱熹有一肚子话，第一封信中没有说尽，现在索性说个痛快：

　　读了老兄的来信，似乎有不平之气，我私下里揣测，这大概是由于您平日才太高、气太锐、议论太偏激、锋芒太露造成的。所以自负于自己的长处，而忽略自己的短处；虽然多次经历变故，但仍没有反省啊。
　　依老兄看来，汉祖、唐宗的所为是出于义，还是出于利？出于邪，还是出于正？高祖暂且不提，那唐太宗之心恐怕没有一念不是出于私欲的。正因如此，所以一千五百年的历史，不过是勉强苟且的一段历史。至于天地之"道"，亘古亘今常存不灭，并非人所能干预；即使一千五百年的历史被人弄坏，但"道"却没有一丝的伤损。汉唐的君主，何尝用过一分力气扶助过大道呢？

第二年初春，陈亮又来信了，篇幅比上一封更长，其中说：

只有圣人在人伦方面能够尽善，其他人在人伦方面则有不足，但并不是全靠欺人为准则；只有王者在政治方面能够尽善，其他人在政治行为方面则有缺欠，但并非全靠蒙蔽来从事。欺人者人常欺之，蔽人者人常蔽之，欺罔之人怎么可能长久立于不败之地呢？正是有了高祖、太宗和我朝的太祖这些人，天地才得以运行不息、人伦才得以接续不坠，而所谓道的存亡并非人所能干预，是多么的荒谬啊。

天地人为三才，人生来只是要做个人，可一旦命名为"儒者"，便有了自我限定而不全面了。学者所学在成人，为何一定要成为儒者呢？子夏、子张、子游当然是儒者，而学得不伦不类则会成为"贱儒"，还不如普通人呢。我陈亮不才，于当今的儒学起不到一点影响，真是不足一论，但也是要做个"人"。正好比将金银铜铁熔化为一件器皿，说到底是以适用为主。我也不是专门为汉、唐两代说好话，而是为了说明：天地运行不息，而人的作为也不会停息，而不是靠着苟且度日就到今天的。

陈亮书信中说，儒家一向赞美的三代也未必完全光明正大，汉唐也未必完全丑恶，相反，汉唐的强盛自有其道理，并非偶然，更不是全靠欺罔而强大的。说到底，道不离人，大道能够长久延续有赖于人——比如汉祖唐宗——的支撑。信寄出后，不久就收到了朱熹的复信：

当代的英雄豪杰之士不再懂得孔子、孟子

的学问，有的人资质出众，有的人思虑精明，言行偶然合乎道的也有，但他为人处事的出发点其实在利和欲。还有当代一些学者，稍有点才气就不肯低头做儒家事业和圣贤功夫，又见到汉唐的成功，于是心中羡慕，照着去做，认为放手去做事、无须十分恰当就能立大功名、取大富贵。但是又不能全然不顾道理，就曲为之说，说汉唐的英雄豪杰也有未泯的道理，只要如此便可以和尧舜三代相比肩，而并不考察他们的真实心地并无是处啊。

　　……………

　　人只是这个人，道只是这个道，哪里有三代、汉唐的分别？只是因为儒者之学不传，而尧舜禹汤文武以来一脉相承的心意不明于天下，所以汉祖、唐宗虽然也偶有合乎道义的时候，而他们的全体则只是在利欲上。所以尧舜三代是尧舜三代，而汉祖唐宗只是汉祖唐宗，到底不能合而为一。汉高祖约法三章当然是好的，可他后来诛杀大臣的恶行也是不能抹杀的；唐太宗平定天下之乱固然是好的，可他窃取了别人的宫女来侍奉父亲，还做出其他的一些糟糕事，这也是不容否认的。看来他们确实是合乎义理者少，而损害义理者甚多啊。

您又说为学的目的在成人，而不一定以儒者为目标，把金银铜铁熔化为一件器物而以适用为主，可以看出您的本心在于功利，这不是善辩就可以掩盖的。孔夫子所说的成人之道，须以儒者之学才能实现，如果不以儒者之学去追求，我恐怕会违背规矩礼法，进不得为君子，退不得为小人，正如把金银铜铁熔化为一件器皿，不但把金银毁坏了，就是铜铁也无法发挥铜铁的作用了。

陈亮从来信中读到了嘲讽，读到了种种不友好的旁敲侧击，还把自己打到"功利之徒"的圈子里。他的一腔意气又涌动起来，知道辩论至此，已覆水难收，他也将奉陪到底，绝不会假以辞色。他略经思索之后又写去了书信，信中说：

人心有时会泯灭，但一千五百年来一直泯

灭怎么可能？法度有时会被废弃，但一千五百年来一直废弃又怎么可能呢？至于您说的"全体只在利欲上"，恐怕对汉祖、唐宗太不公平，世人也不会心服。如果像您说的那样，一千五百年的历史成了空白，人道消亡但而天地则照常运行，这一点只有您几位能发现，这未免太自大而孤傲了吧。这一点我陈亮实在想不通。

您说汉祖、唐宗的真实心地无有是处，那我不知道汉祖、唐宗和魏武帝曹操、宋武帝刘裕有没有区别。您的来信又说"立心之本应当以尽者为榜样，而不应以不尽者为准"，这诚然不错，但是您说汉唐不能无愧于三代昌盛之时，就以为汉唐是欺骗蒙蔽，那不知道这一千五百年间，真心又在哪里。

这封信再次把朱熹激怒了，他觉得这是陈亮对道学的挑衅。现在看来，想说服陈亮是不太可能了，但朱熹不管他听不听，都要把最正大的道理说出来。所以，他还是强压怒火，整理了一下思路，又写了回信：

> 后来那些所谓的英雄只是在利欲场中头出头没，偶尔也会合乎善的道理，但他们却从不能做到尽善。比如管仲的功业当然后世难及，但他的心乃是利欲之心，事迹乃是利欲的事迹，所以孟子、董仲舒对管仲都提出批评而毫不宽贷。圣人眼光固然开阔，心气固然平和，但在根本的地方，关系天理、人欲的地方，则毫厘必计，绝不含糊，唯恐后来的学者舍弃了道义而向利欲妥协。如今不讲这些，而专门去谈开阔眼光、平心静气，来裁断千古之是非，那真是指铁为金、认贼为子，而不知道其错误啊。

> 如果说圣人是金中之金，那汉祖、唐宗就是铁中之金，曹操、刘裕只是顽铁而已。如今您舍弃自家的光明宝藏而去铁炉子旁边的铁矿渣中拨取真金，不是很错误的做法么。

眼看着又到了朱熹的生日。陈亮除了寄送川笔、川墨、雪梨、樗蒲一缣、石榴四十颗等礼物外，再次回复了朱熹：

　　我认为本领宏阔，工夫到家，便能做到三代，有本领但没有工夫只能做到汉唐。而您却说汉唐并没有一点本领，只是头出头没，偶有暗合处，便能够功业成就，只是在利欲场中走。

　　其实，天地之间何物非道，如赫日当空，处处光明。闭眼的人，开眼即是，难道全世界的人眼睛都盲了，不能共见这光明么？可是，您不去追求天地清明、赫日常在，只把圣人这点泯灭不得的精神作为自家秘宝，因为自己偶然开眼见到了便以为得到了不传之绝学，三三两两，交头接耳，如同告密，分疆画界，如同道教徒的结坛；把一世之人排除在门外，却说二千年的君子都是眼盲，二千年的天地日月若有若无，世界都是利欲，唯有"道"的传承不绝如缕。

　　您认为三代以前都没有利欲，都没有追求富贵之人，其实，只要有人心就会有许多不洁净，只是记录者有所选择，记载得干净而已。您怎么忍心见二千年间的世界乃是污浊世界，而光明宝藏只被您几位儒者独得呢。而世上那些自称开眼的人，也不过是目光昏昏，本来就靠不住，又怎么能指望他们能使天地清明、赫日常在呢？

陈亮笔下，道学人士简直成了窃窃私语的小人、猥琐的怪人。朱熹拿着那封信，手一直在发抖，想再写一封长信回击陈亮，但他知道，陈亮还会再来一封长信回应。他算了算，这论辩已持续了近四年了，难道就这样反反复复、无休无止地论辩下去吗？这论辩到底还有何意义？他思来想去，把想说的话都强压下去，只回了一封短短的信：

您的来信道理很详密，对我很有启发，不过我的意见在前面几封书信中已经都说尽了。以往的是是非非不需要反复计较了，只要穷理修身，学习圣贤事业，使自己穷而能独善其身，达而能兼济天下，或许不枉为一世之人吧。

陈亮见了这封信也觉得无趣，又回了最后一封信，大意是说：

我平生很少和人辩论。之所以与您讲论那么多次，是因为天下之道乃是大公至正，而您的为人为学也是大公至正之学，我也希望能为开拓正道、扶助正学尽一份力，哪是故意与您针锋相对呢？

不过，我听别人说，您的弟子詹体仁，每次读到我写给您的信就怒发冲冠，每次见到我，也会赶忙离去，不与我共坐。看来，我是得罪您的门下了。进退维谷，真是有些可笑。

信中虽然也点缀了一些其他的文字，无非是些养生、玩乐之事，借以冲淡一下论辩的尴尬。陈亮也觉得无趣了。不过，他性情爽直，还真没太放在心上——他这一生经历的不快和仇恨太多了，来往的几番辩论又算得了什么。

后来，陈亮的生活状况略好了一些，他在乡间建造了一座"抱膝斋"，前有池沼，四周又杂植了竹木梅花，作为自己读书养心的所在，又利用祖上留下的二百亩地，建了几座书院作为授徒讲学的场所。他的好友叶适、陈傅良都专门题诗寄送给他。陈亮高兴之余，又想起了朱熹，就寄去了陈、叶的几首诗请他过目，还请朱熹写两首《抱膝吟》，并为自己题写"抱膝斋"匾额。请求了两次，朱熹推脱了两次：

> 很抱歉《抱膝吟》仍没来得及构思。何况我们的讨论未能达成一致，我怕自己所写的不能符合您的心意。您或许不该把陈、叶的诗先寄来，两位把能写的话都写完了，真教我无从下手。

看来，和陈亮相比，朱熹对论辩的芥蒂更深，甚至是耿耿于怀。

故事还没有结束。命运多舛的陈亮仍在科举道路上奋力挣扎，既为完成祖上的一个夙愿（据说陈亮出生前，其祖父梦见有状元降临家中），更为改变一片狼藉的境遇。淳熙十四年（1187）他抱病参加科举，又一次不幸落第。当时正值高宗去世，高宗主和的国策也被一起埋进棺材，陈亮觉得为国请命的机会来了，就给孝宗上书激励他报仇雪耻。可此时六十多岁的孝宗早已经心灰意冷，开始考虑退位之事，这封奏疏竟然石沉大海。直到绍熙四年（1193）他鼓起余勇再入科场，终于中了状元，被任命为"签书建康军节度判官厅公事"。可惜没等到上任，一夜间得暴病而亡，时年五十二岁。

陈亮绍熙四年北上应举之前，曾到建阳考亭拜会过朱熹一次。关于这次相会我们所知甚少，据朱熹后来的一点回忆文字看，双方都避开了那个要命的"王霸义利之辩"，只谈了些无关痛痒的话题。陈亮去世后，陈亮的儿子和女婿前来请朱熹写墓志，朱熹再次推脱，只写了"有宋龙川先生陈君同父之墓"十二个字。

劝谏孝宗

一

淳熙十四年（1187）十月八日，高宗赵构驾崩了！在位三十六年的高宗驾崩了！消息几天内就传遍了朝野。听到消息的人不管是惊骇还是悲伤，都清楚地意识到：朝廷苟且偷安的时代大概结束了，那个长期活在太上皇影子里的已六十三岁的孝宗，可以舒一口气了。

淳熙十五年正月，朝廷下诏命朱熹入临安奏事，然后赴江西提刑任。三月十八日，朱熹由弟子李闳祖、陈文蔚陪同，启程赴京。他并不想做什么江西提刑，只是想入都奏事，当面向皇帝陈明利害。一场春雨刚过，湿润的空气中弥漫着芳草的香气。他的心情也像这天气，真是满天云彩都散了。朝廷应该也是一番新气象了吧。他见春光盎然，一时心情舒畅，情不自禁地吟出一首小诗：

川原红绿一时新，暮雨朝晴更可人。书册埋头无了日，不如抛却去寻春。

朱熹出了崇安，经过铅山、信州，到了玉山，遇到了著名诗人，也是道学中人的杨万里。

杨万里刚刚因为议论高庙配享（就是讨论哪些亡故大臣的灵位可以进入宗庙，和高宗皇帝的灵位相配）而被罢官。他坚持认为应以主战派张浚配享，遭到皇帝和旧官僚的反对而被驱逐，反对者中就有王淮。朱熹心里一惊，自己的死敌王淮还在朝中，仍然在打击迫害道学党。朱熹觉得不能贸然前往。他在玉山滞留了四十多天，想静观其变。

朱熹等着，忐忑着，终于等来了好消息：五月四日王淮被罢免，周必大升任左相，留正为右相。王淮是被两个小官——右拾遗许及之、左补阙薛叔似——弹劾罢职的。朱熹闻讯，心里就有底了。他加快了行程，五月下旬便到了临安。

六月一日，朱熹正在驿馆中思考明天如何奏事，有人来拜访，原来是兵部侍郎林栗。朱熹虽对林栗并不陌生，但对他的来访又颇感意外。林栗是一位儒家学者，曾写了《易图》《易解》和《西铭说》等著作寄给朱熹，想向他请教，不料被朱熹批得体无完肤，林栗很快回信表示不服气。看来这次上门，是要当面申辩一番。

林栗刚坐下就单刀直入，开始跟朱熹谈《周易》。他说："《周易》里面明明说'易有太极'，可您听信了周敦颐的说法，非要用'无极'讲'太极'，这不等于讲'易无太极'吗？"

朱熹差点笑出声来，这林栗完全不懂"无极"是什么意思，就说："太极是两仪、四象、八卦的道理，不能说是无，'无极'只是说没有形象而已。由此生出一阴一阳，两仪、四象、八卦，化为万物，这个道理只有周敦颐先生说了出来。"

"那我的《易解》您看了吗？"

"看过了，有些根本性的错误。至于《易·系辞》所谓'易有太极,是生两仪,两仪生四象,四象生八卦',邵雍的《先天八卦图》画得最明白。希望你好好看看。"

林栗脸上有些挂不住,语气生硬地说:"我写《易解》就是为了反驳邵雍!"

朱熹微微笑了笑,说:"邵雍可不是那么容易反驳的。希望您立论要审慎一些,否则,会被有见识的人嘲笑啊。"

林栗再也按捺不住火气,霍地站起来,扔下了一句:"我正是要人笑!"然后甩袖子走了。朱熹望着他的背影,叹了口气,知道这个人学问肤浅而且固执,心胸也很狭小。但朱熹也没有多想。

到了六月初七,朱熹天不亮就起了床,收拾停当,带好了奏札,准备面见孝宗奏事。弟子陈文蔚过来劝他:"先生,您这次面君,不要再重弹'正心诚意'的老调了,免得惹他老人家不高兴。官家最不愿意听这些。"

朱熹说:"我平生所学就是这四个字,怎么能够说一些无关痛痒的话来蒙蔽官家呢?"

说完,朱熹毅然地上路了。朱熹相信,官家是一条卧龙，一经自己点醒，就要奋起飞腾了。这样想着，他在宫廷侍卫的引领下，一路走到延和殿的殿门口。

二

这次见孝宗，距上次相见已经七个年头了。朱熹发现孝宗已经两鬓花白了，他端坐在龙椅上，神情庄重，身上穿着素白色的袍子——他正在为新逝的高宗服孝。孝宗见了朱熹，微笑着点点头，示意他坐下。对这位臣子，孝宗内心有几分敬畏，这次又多了几分亲近。他说："你在浙东赈救饥荒，辛苦了。"语气温和，又透着关切。

朱熹说："多谢陛下关怀。您除任我为江西提刑，我身体衰朽，恐怕难当此重任。"

孝宗想了想，说："我知道你为人刚正，有意把你留在朝廷，随后委任你一个清要官。"

朱熹致谢，然后从袖中取出五份札子，向孝宗逐一陈述：

第一札讨论狱讼问题：反对地方上的提刑滥用

刑罚，残害百姓，因此必须要"明刑""明法"。第二札讨论论狱官的遴选：狱官徇私舞弊，贪污腐败，亟须惩治。第三札建议取消提刑司所管的"经总制钱"：包括经制钱和总制钱两项，这其实是两种巧立名目的民间税收，使百姓不堪其苦，若能罢免，则是天下的大幸。第四札论科罚之弊：把矛头指向搜刮民财的地方官吏，这些官吏严厉打压不服从者，造成大量小家户破产。对这种滥施刑罚以满足私欲的恶行，朝廷却很少过问，因此不能不予以纠正。

朱熹还有最后的第五札，是以"正心诚意"来说孝宗，直指皇帝的罪过。他说："陛下在位二十七年了，因循固守，虚度岁月，既荒废了政事，又没能恢复一寸疆土，不知道您想过原因没有。我觉得应该是天理未纯，人欲未尽，所以难免误听误信，致使公议不行，歪理邪说充斥天下。第一，宫廷中的小人泄露朝廷机密，陛下虽然将之罢免，但很快就又召还宫中，看来您对这些佞臣的宠幸不减啊。第二，有人窃取权位多年（指王淮），党同伐异，陛下虽然将其罢免，但并没有进一步追究问责，他的余党仍有步其后尘的侥幸心理。第三，虽然陛下增置了谏官数量，但内外可谏之事太多，谏官又言辞激烈，不知陛下真能虚心纳谏么？第四，辨明冤屈诬枉，抚慰那些孤臣正士，您做得很不错，但那些诬枉贤臣的小人还在朝中，不知陛下能远离他们么？第五，军权旁落，为宦官所染指，军纪败坏，士卒离心离德，恐怕难以应对天下之变。"

前面四札，孝宗还能认真聆听，不时地点点头。到了第五札，孝宗的脸色有些变了。不仅因为朱熹毫不留情，把自己教训了一番，还因为他又听到了最不喜欢的一套理学说辞。孝宗沉默良久，说："你所说的朝廷积弊，还需要进一步察访，寻出证据；革除军事、政务的种种弊端尚需时日，并非'正心诚意'四个字所能解决。你把这五份札子放在这，待我认真审阅。你且下殿安歇去吧。"

孝宗虽然没有发作，但朱熹听出了满满的厌倦，这种语调他是熟悉的。朱熹心里一沉：皇帝果然老了！他长期活在高宗的影子里，已经没有了一点激情和锐气。看来，自己这一次又失败了。

第二天，孝宗的除任诏书下来了，除授朱熹为兵部郎官。这大大出乎朱熹所料——这就是皇帝说的"清要官"么？为什么要到兵部去？行军用兵这一套和自己的学问毫不相关啊。而且，兵部尚书宇文价正是王淮的死党，去兵部任职无异于自投罗网。还有，自己最近刚得罪的那位兵部侍郎林栗，马上就会变成自己的顶头上司……正想着，林栗就派人来了，给朱熹送来了兵部郎官的印信，但朱熹想了想，没有接受。第二天，朱熹向皇帝递交了辞呈，说："臣最近脚气发作，需要调理一阵子，暂时不能到兵部郎官任上去供职，希望皇帝准假。"有脚气病是真的，当然这更是朱熹的缓兵之计。

那位兵部侍郎林栗不会轻易放过他。第三天，还没等皇帝发话，林栗就又跳了出来上了奏章，劾奏朱熹欺慢皇帝。

朱熹有些懵了。林栗为什么要放这一支冷箭？难道他是王淮党人，要借机扳倒自己和道学党？还是仅仅因为自己跟他讨论"太极"惹恼了他？不管怎样，这位林栗是和自己结了深仇了。

但林栗并不是言官，他跳出来弹劾朱熹属于越职言事，孝宗对这个"半路程咬金"并不喜欢；而且林栗小瞧了朱熹的力量，朝臣中支持朱熹的大有人在，尤其是周必大一党，对林栗这一招非常厌恶。

周必大出来为朱熹说话了："朱熹所说没错，并不是欺罔皇帝。他的脚气病很严重，这次是勉强上朝面君啊。"

孝宗点了点头："确实，我见朱熹入奏时腿脚不便，一瘸一拐的。"然后问周必大："那你说该怎么办呢？"

周必大说："依我看，不如还让朱熹做他的江西提刑，离开朝廷算了。"

孝宗同意了。十一日，皇帝下诏命朱熹依旧做他的江西提刑，立即离开京城。等于是把朱熹驱逐了。十二日，朱熹离开了临安。赴京时"抛却书册去寻春"的热情已经荡然无存，临安城酷暑难当，一如朝廷里面那沉闷的空气。高宗死了，孝宗身上却有了高宗的影子；王淮去了，朝廷里还有王淮的影子。

三

朱熹的车马经过桐庐、兰溪，到了衢州，眼看着过了一座座山峦，离江西越来越近了。向何处去呢？赴江西提刑之任吗？按道理说，这总比留在兵部受气好。但是不行，林栗说我"只想着去做江西提刑"，我若去了不正为林栗留下口实吗？他在路上干脆又上了两道辞呈，说要辞去江西提刑之任，回老家待罪。辞呈中毫不掩饰对孝宗的怨气。七月二十六日，也就是林栗被贬的第二天，朱熹新的任命下来，命他直宝文阁，主管西京嵩山崇福宫，也就是一个只领俸禄不干活的虚衔。

朱熹回到老家崇安刚刚一个月，朝廷又敦促朱熹再度入朝。原来，孝宗认真阅读了朱熹的札子后开始悔悟，觉得不应该逐走朱熹，想把他请回来任职。另外道学党人谢锷的推荐也起了作用。

朱熹执意不肯入朝。难道皇帝把自己当成随意摆弄的陀螺了？不过，他有很多话要对皇帝说。十一月七日，他奋笔疾书，写了一道长达万余言的封事。当月十六日，封事抵达孝宗的寝宫。孝宗小心翼翼地打开外面的皂囊，见有四十页纸，便借着宫烛仔细阅读：

我本应入朝向陛下面陈愚衷，又恐怕词不达意，也害怕朝中小人借机陷害，我不想重蹈覆辙，因此冒死进献了这份封事。我见天下大势，如同人生了重病，连毛发也都害了病，虽然饮食起居暂且没有妨碍，但病势危急，除非像扁鹊、华佗那样的神医下一番猛药，才能去除病根。

这一段如同当头棒喝，孝宗倒吸了一口冷气，一点倦意皆无。封事有三大部分，一论陛下之心是天下之大本，陛下当正此心以正天下；二论六大当务之急：辅翼太子、选任大臣、振举纲维、变化风俗、爱养民力、修明军政。三论恢复之事。封事最后说：

我做陛下的臣子已二十七年了，而与陛下的相见只有三次。我本是僻远乡野之人，和您身边那些近臣难道有什么宿怨积恨，有意攻击他们吗？之所以每次奏事都和他们凿枘难合，但又绝不后悔，是由于我只把国家社稷放在心上，从未掺杂一点私意。我的愚诚想必您也能看到。时光如流，一去不返。不但微臣我已经苍颜白发，陛下您的容颜和昔日也已不同了。我见识鄙陋，很难有什么奇谋大计来增益您的大德；陛下您的事业虽然越发宏大，却不足以让臣子忘掉昔日的忧患。我如何能不悲从中来呢？因此才不辞万死，诚惶诚恐，展布爱君忧国之诚。希望陛下体察我的拙直之心。

孝宗读完后心中热浪翻涌，眼睛也早已湿润了。孝宗在位二十七年来，早已心力俱疲，做好了退位的打算，但他绝非铁石心肠，朱熹一番忠言披肝沥胆，让孝宗充满了惭愧和自责。他觉得决不能辜负这样一位忠臣良士，自己虽要退位，但一定要把朱熹留给新皇，或许在朱熹的辅佐下，能打造一片新的江山。孝宗这样想着，一宿没有睡着。

第二天，他命人草诏，差朱熹主管西太乙宫兼崇正殿说书，也就是充当皇帝的顾问。但等来的仍旧是朱熹的一封辞呈。他说：

　　陛下没因我的狂言而责罚我，我已经感激不尽了，您又提拔我做太子的老师，恩义匪浅；不过我非大儒，学问疏浅，实在难当此任，而且这与我退闲的初衷并不相符，也容易招来一些人的非议。

　　皇帝看完叹了口气：朱熹的倔脾气到死都不会改。自己虽然是万乘之尊，却拿这个又硬又倔的老头没有办法。

在朝廷的进退

一

朱熹在武夷山继续他的学问著述。没有几个月，朝廷又发生了大事。淳熙十六年（1189）二月，孝宗传位给了恭王，史称光宗，次年改元绍熙。这年光宗已四十三岁，胡子花白了。

朝中本来有两位宰相：左相周必大，右相留正。光宗不喜欢周必大，而喜欢留正，因为留正为人精明，举止得体。留正和周必大也一向不合，就设法驱逐了周必大，跻身左相的位子。他知道自己位子不稳，想结交和利用那些道学派人士。而要借重道学，必须请朱熹出山。不过，请朱熹到朝廷来任职，也非留正所愿，他不希望刚毅耿直的朱熹给他拆台。圆滑的留正想来想去，就向光宗荐举，派朱熹到漳州作知州。朱熹考虑再三，觉得漳州地方虽大，但事情一向不多，而且自己刚好可以把政治理想付诸实行，也就应允了。于是六十一岁的老儒朱熹再次启动了车驾，离开武夷山精舍，沿着迤逦的山路，一路南行，在绍熙元年（1190）四月南下到了漳州。

朱熹发现漳州田亩不均、赋税不均的现象非常严重，豪强肆意侵占贫民土地已经成为当地的顽疾。他的一项重要政治措施就是正经界，也就是重新丈量土地，划清田产，抑制豪强兼并土地。这可是为民兴利的善举。泉州、汀州的官员也有人给皇帝上奏状积极响应。光宗甫一即位，也想要推行新政，朱熹等人的说法正中下怀，就下了诏书，命全国都要行经界，福建的漳州、泉州、汀州作为重要试点。这一来，朝中那些籍贯为漳、泉、汀三州的官僚坐不住了，眼见着他们的大本营要大受损失，就纷纷出来阻挠。留正就是泉州人，那里有他的姻党和大量田产。但为了不得罪朱熹，他就向皇帝建议：希望漳州先行经界，而泉州缓行。话虽如此，漳州也有留正的人，同样不好惹。有一个叫吴禹圭的人是漳州的乡绅，也是留正的亲戚，以受害者的口吻上书皇帝，控诉朱熹的经界法"扰民"。此说一出，其他豪富也纷纷上书，联合抵制经界法。仅六个月后，朝廷就下诏罢了经界。朱熹的土地改革彻底失败了。后来朱熹才知道：吴禹圭原来是留正的亲戚，他之所以敢于反对经界法，背后其实有留正的指使。朱熹无法故作宽宏，他不管什么宰相不宰相，写了一封信痛斥留正：

　　这次经界之事最终没能成功。据我了解，投递给您的申请您一直没有上报，最后不得已您才假装应允下来，又说了一些模棱两可的意见，造成朝中人心不齐，对经界之事议论纷纷，没有一年就失败了。原以为我和您相知甚深，看来相公和我的关系，尚不如乡里小儿，也不如您那些远房亲戚啊。

显然，朱熹在漳州的事业遭遇了重挫。不久，又有厄运降临。绍熙二年（1191）二月，噩耗传来，长子朱塾在婺州因病去世。朱熹得知消息，是在一个雨雪交加的夜晚。他痛断肝肠，老半天才哭出声来。一天之后，朱熹强忍悲痛，向皇帝写了奏状请求回家治丧，经过允准后离开了漳州。朱熹走了，留正和朝中权臣，以及地方豪富们都长出了一口气，却没人在意他老年丧子的悲伤。

二

五月，朱熹回到了老家建阳，寓居在同繇桥（也称童游桥）。等风尘暂歇，丧子的悲痛和改革失败的懊丧在心底反复回旋，他的心情低落到了极点，长叹说：

"第一次出山遇到了唐仲友，第二次出山遇到了林栗，第三次又遇到这位吴禹圭，使我政令不行，难道是我的命吗？儿子夭折，难道是我的命吗？"

朱熹思来想去，总觉得五夫里旧居风土薄恶，冥冥中似与自己的厄运有关。他决定迁居。恰好有一天他翻检父亲朱松的日记，发现一句话："考亭溪山清邃，可以卜居。"朱熹转悲为喜，认为是父亲的灵明提醒了他，于是亲临其地考察了一番。考亭离五夫里一百三十里，在建阳西部三桂里玉枕山山麓，那里山溪环绕，风景清幽。溪流之中一片沙汀，方圆五里，名叫龙舌洲。确如朱松所说，是难得的胜境。朱熹于是派人去龙舌洲经营新居。绍熙三年（1192）六月考亭书堂落成。朱熹在这里广收门徒，聚众讲学，又和弟子在周围栽种了竹子，远望蔚然挺拔，郁郁葱葱，因此取名为竹林精舍。经过这段忙碌，朱熹慢慢从丧子的悲痛中解脱出来，心情渐渐地平和了。

这期间也来了很多朋友前来慰问，老朋友赵汝愚也来了一趟。赵汝愚字子直，是赵宋王室宗亲，他志向远大，敢作敢为，曾经说："大丈夫能在汗青（竹简）上留下一笔，才不辜负这一生。"并以范仲淹、韩琦、司马光为榜样。早在孝宗时，赵汝愚就被寄予厚望，年纪轻轻就成了地方大员。淳熙九年（1182）赵汝愚任福建安抚使，当时朱熹刚从浙东任上回到福建，两人有了密切的往来。如今，赵汝愚要入朝赴吏部尚书之任，途经建阳，又和朱熹见了面，欢洽之余，他们一说起朝廷政事，都表现出深深的忧虑。朱熹仍然对留正的圆滑虚伪耿耿于怀，他对赵汝愚说：

"子直，朝廷里的留正不可依靠。这个人只会玩弄手腕，处事没有原则，不管什么君子小人，只知道拉拢同党、打击异己，为自己谋利，并没有忧国爱民的心思。我已经写信痛斥了他一番，你若进朝廷见到他，一定要再传达一下我的不满，说我朱某一向鄙视他！包括他的为人和为政！"

赵汝愚说："我了解留正。他对我有知遇之恩，我当初由地方官入朝为吏部郎中兼太子侍讲就是他引荐的。留正心思细密，又懂得权术。但说他党同伐异也不全对，应该说是杂用君子小人之术吧。但我若当面指责他，惹得他与你为敌，又何必呢。道学人士当前也需要和他合作，利用他的相权，以改变君心，推行正道啊。"

"唉！子直，你不要为他辩解了。留正只知道明哲保身，办不成大事。正经界之事不能推行就是明证。如今新君即位，朝廷形势也不明朗，留正朝秦暮楚，你进了朝廷之后还要多加小心才是。"

赵汝愚只好说："元晦，我记下了。"

朱熹对赵汝愚充满了牵挂，也寄予了希望。他希望赵汝愚在朝廷能成为道学人士新的代言。不久他得到消息，赵汝愚知枢密院事，黄裳、彭龟年、吴猎这些道学人士也成了朝廷的主力。对此朱熹颇为欣慰，而他自己仍然在家讲学著书，不想蹚朝廷里的浑水了。不过黄裳、彭龟年他们觉得必须请朱熹入朝才好，就一起找留正商议："相公，我们应该把朱元晦召回朝廷了。他是学界的领袖，最具号召力，他来到朝廷，才能凝聚人心啊。"

留正早就想好了怎么应对。他笑着说："是啊。晦翁德高望重，是人心所向。尤其现在国家选贤良，朝中皆仁义，他老在家里赋闲怎么行。不过，你们几位认为如何安置晦翁呢？"

彭龟年说："我觉得应该进入经筵，作皇帝的老师，启发皇帝引用善类，振兴朝纲。我也做过这个官职，但说实话，晦翁比我的学问、见识高明太多了。"

留正摇了摇头："我最了解晦翁，他性格刚强，在皇帝面前也不会降低辞色。淳熙十六年，他给寿皇（即孝宗）先上奏札、又上封事，奏札、封事的抄本都流传开了，你们也都看了吧，你们瞧，他连寿皇都敢批评。他要是得罪了当今皇帝，不光自己危险，朝中的道学力量都会受挫。"

其实留正在打自己的小算盘。他觉得以朱熹的性格，绝不可能真正跟自己同心，自己一旦营私舞弊，朱熹就会鸣鼓而攻。他可不想把朱熹请到朝廷来拆台。

彭龟年、黄裳面面相觑，一起问："那您说如何才好呢？"

留正说："我想好了，荆湖南路最适合晦翁。你们想，晦翁年轻时曾到湖南论学，对湖南的山川地理、风土人情都很熟悉，潭州又是荆湘上流的重镇，晦翁去了可以巩固一下那里的防御。再说，辛弃疾、周必大这些人在湖南为政多年，打下很好的基础。所以，我觉得请晦翁去做荆湖南路安抚使还是恰当的。"

这番话让彭龟年、黄裳无话可说了。他们只得点头："那就请相公向皇帝进言荐举吧。"

三

绍熙四年（1193）十二月，在留正的荐举下，皇帝差朱熹为荆湖南路安抚使知潭州，朱熹两辞后最终拜命。朱熹为什么接受这次任命不太好说，可能因为朱熹不甘心漳州任上的政令不行，定要在地方上做出一番业绩，也可能因为他太怀念张栻了，老朋友的遗迹还在湖湘，似乎在召唤他前往。第二年四月，朱熹一行人启程，向湘西进发，五月就抵达了潭州。

他一到任就到城南祠堂吊祭了张栻，又到宁乡哭祭了张浚和张栻的坟墓。张栻去世已十四年，坟墓上的松柏已经苍然如盖。当然，朱熹还要去岳麓书院，那里有他和张栻论学的遗迹，他到了那个名叫"朱张渡"的地方，想起当年渡江时张栻舟中的逸兴和才辩，可如今风烟茫茫，船上只有自己一人了。过了朱张渡，来到岳麓书院，屋宇已有些残破，从里面传来学生们的琅琅书声。朱熹走上台阶，进了讲堂，看见当年自己手书的"忠孝节廉"四字牌匾还挂在中堂，下面是张栻和刘珙的画像，仿佛正注视着自己，他的眼泪不觉又淌下来。

他想，纪念张栻和刘珙的最好方式就是建好岳麓书院。接下来，朱熹不但扩大了书院的规模，增加生员名额，又增加了五十亩学田，还请醴陵的贡士黎贵臣任讲书职事，湘潭的郑一之任学录，措置书院教务。朱熹公务之余，也偶尔到书院视察，通过抽签的方式听学生讲书。一次听两位学生讲《大学》，因事先没有精读，两位学生讲得含混不清，他有些生气，说：

"本以为诸公会潜心读书，留意学问，听今日所讲，反倒不如潭州的州学。那我们创建书院又有何用？！书院收徒，本是来者不拒，去者不追，并不是非要将每个人留下。而且，学问本是人生在世都应该理会的。就拿《大学》的'明明德'来说，这一句理会透彻了，实实在在地用功，就会终生受用。如此重要的警策之言，诸公如何能轻易放过呢？不理会学问，和那些愚顽之徒又有何异！"

真是振聋发聩。书院的学生再不敢懈怠了。

两位学生讲得含混不清，朱熹有些生气。

他们知道，书院是探索真学问的地方，是体认天理、修养德性的"为己之学"，绝不是为了考试和功名。岳麓书院也成了许多人心中的学问圣地，前来问学者源源不断，多达一千余人。因岳麓书院也无法容纳，朱熹又另建了湘西精舍。

朱熹来潭州绝不是要重新躲进书院，继续他的讲学生涯。振兴教育、发扬学术只是他众多举措中的一项，他还有许多事要做。这里豪强恶霸横行，与贪官奸吏勾结，他要澄清吏治，抑制豪强。还有，辰州的瑶民因反抗朝廷剥削而爆发了起义，他要采取办法安抚或镇压。他还准备重修已近倾颓的潭州城，并整顿兵备。虽然困难重重，但经过努力，终于取得了一些成效。他正要大张旗鼓把诸项措施再向前推进，朝廷来了诏书，命他离任并赴行在奏事。他又不得不暂停湖南的地方事务了。

四

原来，朝中又发生了翻天覆地的巨变：先是绍熙五年（1194）六月九日孝宗死于重华宫，享年六十八岁。这个消息让朱熹先是震惊，随即便是凄怆和怀念——孝宗毕竟还是一位有作为、知进取的皇帝，南宋国力颓弱，朝纲败坏，他的独木难支显得那么悲壮。不久，又传来了更令人震惊的消息：七月十一日，光宗退位，嘉王赵扩继位，史称宁宗——这又是一次内禅，即"绍熙内禅"。这到底是怎么了？

后来，他才逐渐弄清楚：这一切都源自光宗的精神失常。本来，孝宗和光宗之间还算融洽，孝宗退位后住在重华宫里，称为"寿皇"，光宗一月四朝重华宫，向孝宗问安。不过光宗并不勤勉，没有大志，皇后李凤娘又是一个悍妒无比的角色。她知道光宗宠爱黄贵妃，就趁着光宗祭祀天地的机会，以阴毒的手段虐杀了黄贵妃，然后报告光宗，说是黄贵妃暴病而亡。光宗猜到肯定是李凤娘下的毒手，既震怒又无可如何。正赶上那夜狂风大作，电闪雷鸣，光宗以为上天怨怒示警，一夜惶恐不已。他本来心脏就不好，又受到惊吓，就开始有些神志不清，精神时好时坏。

还有一件旧事加重了光宗的病情。光宗和李凤娘育有一子——嘉王赵扩，虽然不太聪明，但毕竟是光宗唯一的儿子，应是继承皇位的不二人选。没想到有一天，孝宗请光宗到重华宫议事，说：

"当初，你大哥（赵愭）早夭，按通例应该立你二哥（赵恺，封庆王）为太子，因为你颇有些英武之气，所以立了你。现在你二哥去世，他的儿子抦儿也长大了，而且聪慧好学，我觉得应该立他为储君。"

这简直是晴天霹雳。难道要把自家皇位还给二哥家？真的要立赵抦为太子？光宗气闷难平，又不敢公然违拗。从此心情更加抑郁。孝宗的威势、李凤娘的悍妒，让光宗受够了夹板气。他开始精神恍惚，喜怒无常，终于酿成了"迫害妄想症"，经常疑神疑鬼，怀疑孝宗在监视自己，甚至要害死自己。他从此没法正常处理政务，就连元日、端午、冬至这样的大朝会也经常缺席。由于对孝宗心怀怨恨，光宗逐渐由原来的一月四朝重华宫，变为经常不朝重华宫。当他病情好转、情绪稳定时也有一丝愧疚，觉得对不起父亲的养育和传位之恩，想去问候孝宗。可那个悍妒的李凤娘一旦知道，就会立即阻止。这样，就连孝宗的生日"会庆节"、光宗自己的生日"重明节"，他也没有过宫问安。

在接下来的日子里，群臣用尽了浑身解数：彭龟年在光宗面前叩头直至流血，留正到浙江亭待罪，都没能打动光宗。直到十几天后孝宗驾崩的消息传出来，天下震动。赵汝愚赶忙把消息告诉了光宗，请他到重华宫主持丧礼，光宗愣愣地，不置可否，似乎不关自己的事。大家的心悬了起来。终于，六月二十八日，朝臣们等来了一次升殿听政的机会，他们想再请光宗无论如何也要亲自执丧——毕竟是父皇的丧礼啊！光宗却似乎成了惊弓之鸟，"过宫""寿皇"这些词成了他的心病，他全然不顾皇帝的体面，也不管朝臣们还牵着他的衣袖强谏，一边哭一边挣脱着逃掉了。看来，孝宗的丧礼他都不想参加了！

皇帝不执丧该怎么办？整个皇城都轰动了，街头巷尾都在议论这对皇帝父子，惊恐地预感到朝廷要出大事了，大有山雨欲来之势。留正给皇帝上了札子，说嘉王已经成人，希望能够早正储君之位，天下流言也就自然平息了。六天后，光宗御批"甚好";第二天又批曰:"历时岁久,念欲退闲。"这些都像是清醒时的手笔:皇帝想退位了。谁知留正自己却糊涂了,开始胡乱琢磨:他曾听算命者预测自己今年将有凶灾,且给出了"兔伏草,鸡自焚"的六字占辞,就想:光宗属兔,自己属鸡,现在皇帝要退闲——属于"兔伏草",接下来不就轮到自己这只"鸡"的"自焚"了吗?他想来想去,觉得危险将至,焦虑得额头渗出汗来。看来,如今只有"走为上计"了。七月二日,他上殿的时候假装摔倒,借机逃回府第,然后上了一道告老的奏状,说自己年老多病、行动不便,请求辞职,就急急忙忙坐着轿逃出临安城了。

留正跑了,千斤重担落在了赵汝愚身上。他当然要迎难而上,不仅因为他是皇室成员,也因为"大丈夫当在汗青留名"的素志。汝愚认为要当机立断,安排内禅事宜:嘉王赵扩已经成人,完全可以直接即位。社稷存亡,在此一举。可是,皇帝禅位是改天换地的大事,谈何容易!他找来自己的亲信、左司郎中徐谊一起商议。徐谊向他建议:"这种大事,只有得到太皇太后(吴太后,高宗皇后)

的命令，才能名正言顺。"

赵汝愚说："可是宫门深似海，如何能见到并说服太皇太后，得到她的支持呢？"

徐谊、叶适推荐了知阁门事韩侂胄："他是名相韩琦的曾孙，又是太皇太后的侄婿兼外甥，应当能和太皇太后说上话。"

韩侂胄被请来了。他生得颇为粗豪，浓眉大眼，颏下生着茂密的虬髯，走起路来虎虎生风。赵汝愚把计划向他讲了一遍，他听后并无惧色，拍着胸脯用洪亮的声音说："韩氏几代人都蒙受皇恩，报恩的机会来了，怎能不效力！"

这几句话像给赵汝愚打了一剂强心针。韩侂胄说到做到，他几经辗转，费尽周折才说服了太皇太后，同意明天一早在梓宫（孝宗的棺材）前垂帘，和宰执大臣们一起拥立新君。

嘉王在朝臣的劝诱和簇拥下，忐忑不安地登上皇位，接受大臣的朝拜之礼，朝政才算暂时安定下来。这位新皇帝就是宁宗。而这一切，老皇帝光宗都浑然不知。没有多久，光宗便彻底疯了，这也是他留给历史的最后形象。

五

宁宗即位后，也学着历任皇帝的样子，号召群臣举荐贤才入朝。彭龟年和黄裳是嘉王昔日的旧臣，他们都向皇帝推荐朱熹："朱熹是当今第一流人物，如果您希望追踪古圣先王的成就，那就请朱熹入朝吧。朱熹威望甚高，他来了，您也才能凝聚人望啊。"

宁宗爽快地答应了："我早就听说过他的大名，经常以不得师从朱先生为憾。能请他来当然再好不过了。"

于是任命朱熹为经筵侍讲，也就是皇帝的老师。朝廷派专人前去迎接朱熹，并在六和塔准备了欢迎他的盛会。

朝中的这次大变局，朱熹通过朝中的弟子、同僚知道得清清楚楚。他接到诏旨，颇有几分激动，竟然鼻子一酸，落下泪来。他想到了孝宗当年对自己的期望，想请自己入朝作崇正殿说书，可当时朝中权奸当道，排挤忠良，无法进身啊。现在朝廷面目焕然一新，而且自己这次是以"帝王师"的身份入都的，他希望能够把新皇帝领上正路。听说，那位坐轿逃跑的留正也已回朝复相，他的老朋友赵汝愚更是奋发有为的官员，还有彭龟年、黄裳、徐谊等道学人士在朝中济济称盛，这都让他对开创新局、振兴王业充满了信心。

不过，他的这种热情没能持续多久便冷却了，因为当他八月底行至上饶的时候，听说了一个消息：新皇帝以"内批"的方式驱逐了宰相留正。内批，就是皇帝处理朝政时仅凭君权决断，既避开了中书省的封驳，也避开了谏官的论谏，直接下达旨意。朱熹虽然不明就里，对留正也无多少好感，但他想：留正毕竟是三朝老臣，怎么能仅凭一纸书札就把他驱逐了呢？这位新皇帝未免太过专断，抑或是他被身边的佞臣操控所致？朱熹满腹狐疑，有了一种不祥的预感。

数天后，他到达了杭州城外的六和塔，见许多大臣已在那里迎候多时了，其中陈傅良、叶适、薛叔似、许及之、蔡幼学等人都是永嘉学者，也都是自己熟悉的同僚。客舍中早摆好了酒宴，但气氛却有些凝重。朱熹看到了他们脸上的隐忧。

客舍中摆好了酒宴，气氛却有些凝重。

寒暄过后，陈傅良就说："晦翁你一路疲累，本不应该跟您讲那些烦心事。不过，朝中的形势不太好，和原来相比没有一点起色。新皇帝仍然任用内侍，倚重小人，那个韩侂胄飞扬跋扈，他提拔了刘德秀作监察御史，谢深甫作御史中丞，大肆攻击异己。皇帝对韩侂胄言听计从，还以内批的方式驱逐了留正丞相。赵汝愚丞相虽然在位，他的命运也不好说啊。韩侂胄早已磨刀霍霍了。晦翁你入朝可要多加小心啊。"

见朱熹大惑不解，叶适补充说："这次内禅虽然成功了，韩侂胄仗着自己有定策之功，跟赵丞相提出希望升任地方节度使，但赵丞相却并不答应，还给他吃了闭门羹。韩侂胄能不恨他吗？我劝过赵丞相：韩侂胄所望者是节度使，不如给他得了。可丞相说：'外戚历来容易酿祸，虽然这次内禅不得已利用了他的力量，但不能给他实权。再说，韩侂胄是个小人物，就算有野心，也容易压制。'所以始终没有给他封赏。可是韩侂胄贪欲无穷，难免会搬弄事端。丞相太大意了，看来灾祸不远了啊。"

接着，大家你一言我一语，都说朝中险恶，让朱熹多加小心才好。

这些话像给朱熹浇了一瓢冷水。不过他很快振作起来，说：

"人为刀俎，我为鱼肉，说这些又有何用！我既然来了，就要拼尽全力，匡正君心，至于成败生死，则只能由命了！"

朱熹简单吃了几口饭，随后写信给赵汝愚：

朝中情势，我已知悉。侂胄小人，并无大志，对此人应当厚赏其劳，但不要使其干预朝政。防微杜渐，不可轻忽。望兄采纳。

写完后，朱熹派人赶快给赵汝愚送去，但愿他能听自己的劝告，不酿成灾祸才好。信虽然送出去了，朱熹心里并没有踏实一点：担任经筵侍讲，是朱熹第一次任朝官，而且有了劝导君主推行善政的机会。但若像几位永嘉学人所说的那样，宁宗即位后的新朝就真成了龙潭虎穴了。想到此，那种前途难测感又一次弥漫在他的心头。

最后的岁月

一

十月二日，就是朱熹在六和塔停留议事后的第三天，他正式进入了国门。随后，朱熹乞请带原官职（荆湖南路安抚使）向皇帝奏事，得到了批准。

第一次见宁宗是在行宫便殿。宁宗不足三十岁，体型微瘦，见了朱熹后微微欠身说："早闻先生大名，今日相见，深慰所怀。"即位不久的他话语中略有一丝局促，但又透着温和。

相比孝宗的威严、不苟言笑，宁宗似更让人觉得亲切，朱熹心中掠过一阵暖意。他向宁宗进了五道札子：首论皇帝应该正心诚意，深自谦抑；第二札论皇帝应该读经穷理，学习古训；第三、四、五札论潭州政务的善后事宜。皇帝手拈着黑胡须，微微地点头。他看起来似乎很满意。

十月十日，朱熹正式在朝廷供职，四天后正式赴经筵给皇帝讲学。第一讲就是《大学》，重点讲了《大学》的"八条目"——格物、致知、诚意、正心、修身、齐家、治国、平天下。他讲道：

"希望陛下将八条目常存于心，不要忘失，清闲之时常常讽咏。八条目归结为一点，就是以修身为本。小到颦笑思虑，大到发号施令，陛下都要经常反躬自问，必定无害然后为之。早起之时，夜睡之前，陛下都要反思：我对双亲是否还不够亲厚？甚至出入起居、吃饭休息，无时无处不自我反思，必待无所遗憾，然后谨守勿失。若能将这种修养推行于天下，实现大治就不困难了。"

讲完后，朱熹说："陛下如此虚心向学，乃天下臣民之幸。臣希望除了每月朔（初一）、望（十五）、旬休和过宫（探望太上皇）之外，其他时间每天早晚都开讲。不知您意下如何？"

宁宗爽快地答应了。

这样，朱熹又在十月十八日、二十三日，闰十月一日、三日、四日、十九日，或早或晚各讲一次，一共讲了七次。朱熹还应宁宗的要求把《大学》点了句读，献给皇帝。下一次进讲的时候，朱熹问："不知陛下读后有何心得？"

宁宗想了想，说："看来紧要处只在求放心耳。"

朱熹欣喜非常。他激动地说："陛下真是天纵之才！求放心正是圣学的要领。以您的圣明，又如此虚心好学，若能付诸实行，天下不难实现尧舜之治啊。"

可是，朱熹高兴得太早了。一则，宁宗绝不是什么圣明之主，开辟经筵、请儒者讲学是他的"新政第一"，所以，虚心学习的姿态要做足，可他心里已经开始厌倦了。宁宗想：这位老儒生还真把我当成小学生了，他喋喋不休，动辄就拿格物致知、正心诚意这一套大加说教，简直没把自己这个九五之尊放在眼里。宁宗甚至后悔：自己当初不应该请朱熹入朝。二则，朱熹似乎忘了他刚入国门时陈傅良的那番话：宁宗身边的韩侂胄早已经磨刀霍霍了。韩侂胄对道学派一向没有好感，也恨透了赵汝愚。赵汝愚虽也有得力干将：殿中侍御史、起居郎刘光祖，还有右正言黄度——都是台谏能臣，可是韩侂胄先下手为强，他早把自己的死党刘德秀、谢深甫、刘三杰安插进了台谏，攻罢了刘光祖和黄度。赵汝愚被斩断了左膀右臂。京镗、胡纮、何澹、赵彦逾一批人也开始与韩侂胄相勾结，赵汝愚更陷于孤立。

朱熹了解到这些情况，开始坐不住了。他毕竟是道学的领袖，又身为"帝王师"，一定要向皇帝进言，要他远离佞臣。十月二十三日，朱熹向宁宗面奏了四事：移御、寿康定省之礼、朝廷纲纪、攒宫。

移御，是劝谏宁宗不要大兴土木；寿康定省之礼，是说光宗住在寿康宫，希望宁宗能够心存至诚，按时探望太上皇，成全父子大伦。朝廷纲纪，是批评宁宗不应该内批独断、擅自驱逐宰相。攒宫是讨论孝宗陵寝的选址问题。说到第三件事时，朱熹说：

"内批独断的做法从寿皇（孝宗）时候就有了，当时已造成了一些弊端。您自以为聪明和刚断能与寿皇相比么？通达老练能跟寿皇比么？"

宁宗没想到朱熹会这么责问自己，这是对自己的极大蔑视。不过，他还是强压住了怒火，勉强听完。

朱熹不管他有没有反应，该讲还是要讲。闰十月十九日晚，朱熹利用晚讲的机会，以《大学》的格致诚正劝说宁宗，批评宁宗太多空谈，不务实际，劝他处事切不可敷衍了事，要以实实在在的"持敬""诚意"功夫去治理天下。

宁宗坐在龙椅上，听朱熹读着奏札，脸色越来越阴沉，身体也有些微微颤抖。朱熹并没有中断。他又提醒皇帝："陛下，十月末，臣经筵留身时所奏的四事，不知施行进展如何？"宁宗听了，心虚而且气恼，竟然一句话也说不出来。他听到朱熹还在说："陛下，希望您真正系念国事，处置得宜，维系天下人心。岁月如流，不可荒耗时日啊。"

朱熹见宁宗不说话，只向自己摆了摆手，知道皇帝不高兴了，就施礼退身出来。

很快，朱熹就收到了皇帝的内批文件，是由内侍王德谦送到朱熹寓舍中的。内批说：

朕考虑到先生岁数大了，而且隆冬时节天气寒冷，站立讲课很不便，已经改任您提举宫观。

皇帝翻脸了。这一结果，朱熹在六和塔与诸贤议事时就有所预料，但没想到来得这么快。他算了算，自己入朝为经筵官到今日，一共才四十六天，为皇帝讲学一共才七次。朱熹只得简单收拾了行装，立即起身到城南的灵芝寺待罪。隆冬的灵芝寺冷得像冰窖，朱熹的心都快凝成冰了。

赵汝愚得知消息都懵了：怎么可能？这才多久，就把朱熹赶出朝了？他坐不住了，上朝乞求皇帝收回成命，宁宗没有反应；赵汝愚乞求罢职，宁宗以沉默应对。楼钥、刘光祖、陈傅良、孙逢吉、项安世等人纷纷上书援救。项安世的言辞相当激烈："君主唯恐不识天下贤才，有贤才而非要罢逐，这是明示天下不再用贤。君主唯恐听不到天下公论，知道公论不可违背而非要违背，这是明示天下不顾公论了啊。"

还有监察御史吴猎的上书，简直是对宁宗的警告了:"陛下即位不到数月，今天写一张纸驱逐一位宰相，明天写一张纸驱逐一位谏臣，完全不经过中书的封驳程序。陛下不要认为天下是自家私有，为逞一时之快就随意驱逐大臣啊!"

宁宗只有一招:沉默。反正他是打定了主意要赶走朱熹。直到一天群臣奏对的时候，黄艾率先发问皇帝为何驱逐朱熹，一向沉默寡言的宁宗终于开口了:"朕请朱熹作经筵讲官，可是他朝中之事都要过问，不该过问的也要过问。他虽是朕的老师，但不该插手政务，他眼里哪里还有朕!"

孙逢吉在旁说:"如果朱熹说的是对的，那陛下为何不能采用呢?"

起居郎刘光祖在旁边附和:"陛下，孙逢吉所言极是。当年汉武帝对汲黯，唐太宗对魏征，宋仁宗对唐介也曾经动怒，但很快就悔悟了。朱熹的才干并不在三位贤臣之下，陛下为何就不能学习三位贤君呢?陛下即位不久，就无故驱逐贤臣，合适吗?"

听到这，宁宗几乎要暴跳如雷了，他也顾不得体面，厉声说道:"朱熹所说大多是空话，根本不切实用！"由于激动，他的声音都有些颤抖了。

话虽如此，这么多人出来为朱熹说话，对宁宗也有一些触动。思来想去，他想找个台阶下，就下诏命朱熹任荆湖北路安抚使，知江陵府。灵芝寺里的朱熹闻知后苦笑了一声：自己已经六十五岁了，白发苍苍，老迈多病，还去什么江陵啊。他连上了三道辞免状，最终获得了允准。随后，他又给赵汝愚写信："子直应当急流勇退，否则杀身之祸不远矣。"便启程回考亭了。

二

再说韩侂胄。他和同党现在高兴坏了。他们有两个大敌人——赵汝愚和朱熹，赵汝愚是朝中的相党首领，朱熹代表了道学公议的力量。这两个人抱成团，对自己构成了最大的威胁。朱熹是他们的主心骨，如今树倒猢狲散，正好乘胜追击。韩侂胄授意御史中丞谢深甫、监察御史刘德秀，全面弹劾攻击道学党人。这两个人是韩侂胄的急先锋，立刻对彭龟年、陈傅良、刘光祖、吴猎等人上了弹劾奏章。很快，这几个人都被罢职，离开了朝廷。道学党的丛林一片凋零，但赵汝愚这棵大树还没有倒下。擒贼先擒王，韩侂胄党要向赵汝愚发起最后的进攻了。他们把这列为庆元元年（宁宗即位的第一年，1195）的头等任务。

韩侂胄手下有一位得力干将李沐，时任右正言，他绞尽脑汁要捏造赵汝愚的罪名。李沐想来想去终于想到了一条。他向皇帝进言："本来祖宗有成法，同姓不可居相位，可赵汝愚不但靠着投机登上相位，且又引导道学党图谋不轨。之所以这么说，是因为臣曾听汝愚说过，他梦见寿皇授予他汤鼎，背负白龙升天。这不是想谋逆是什么？"

赵汝愚确实说过梦见白龙升天的话，这个话是他在绍熙内禅、宁宗即位的时候说的，当时只是想安定人心，为穿白服的宁宗登上皇位造些有利的舆论，让人信服，没想到现在竟成了政敌的口实。宁宗是内禅的当事人和主角，他听了李沐这话居然相信了。除了李沐，谢深甫、何澹、杨大法、刘德秀、刘三杰施展了车轮战术，一番进攻下，赵汝愚终于被罢了右相，到浙江亭待罪。不久，韩侂胄的死党、监察御史刘德秀又大开杀戒，一口气弹劾了国子博士孙元卿、国子正陈武、太学博士袁燮、司业汪逵，还有太府寺丞吕祖俭——也就是吕祖谦的弟弟，因为替赵汝愚辩诬而被贬到江西的吉州，后来再贬到高安。道学党和反道学党一番鏖战，最终道学党被一网打尽。赵汝愚如同被斩断翅膀的孤雁，只能任人宰割，再多哀鸣也无济于事了。

十一月，胡纮向皇帝列举了赵汝愚的"十不逊"之罪，韩侂胄又加了一把仇恨之火，他对皇帝说："赵汝愚这样的人，必须重罚，不然难平天下之愤。"

宁宗像一个提线木偶，被韩侂胄任意操纵，根本不辨方向，也早忘了赵汝愚曾经的拥立之恩。和韩侂胄简单商量后，他决定将赵汝愚贬为永州安置。很快诏书就下达到了浙江亭。赵汝愚听到诏旨后，眉头都没有皱一下，他从容地戴上了枷锁，回头对送别的几个儿子说："韩侂胄这人心狠手辣，将我贬谪还不算完，最后必定会杀我。也好，我遭到报复，他的仇恨消了，你们就会免死了。"然后就上路了。

三

庆元元年（1195）的闰十月二十六日，朱熹携弟子回到了建阳考亭，回到竹林精舍。他再也不想出山了打算从此做一名隐士，在此终老。他于是将竹林精舍改名为沧洲精舍，"沧洲"是指隐者的居住地。朱熹从临安回来的路上就生了一场大病，回到考亭后，病情加重，几乎死去。现在病势虽逐渐好转，但他的左眼已盲，又因为长期的足疾，腿脚更不灵便，从此便自号"沧洲病叟"。在沧洲精舍讲学著述以尽余年，就是他如今的全部梦想了。

可是，忘却世情谈何容易！家国天下乃是他的生命寄托，也是儒者的使命。他最牵挂的是老友赵汝愚，而赵汝愚被贬的消息很快就来了。当时恰是隆冬时节。他愁绝愤懑，饭也吃不下，病躯也变得更沉重。有一天，他看到窗外的寒梅开得正艳，那不屈的枝干和瘦硬的姿态让他感动不已。朱熹精神一振，写下一篇《梅花赋》：

　　　夫何嘉卉而信奇兮，历岁寒而方华。洁清

娇而不淫兮，专精皎其无瑕。既笑兰蕙而易诛兮，复异乎松柏之不华。屏山谷以自娱兮，命冰雪而为家……

隆冬时节，百卉凋零，到处一片荒寒，唯有梅花凌寒开放，似在笑傲严冬。写着写着，他抬起眼睛再看时，那梅花已是一片朦胧。他多想折一枝孤傲的梅花，连同自己这篇《梅花赋》一同寄给赵汝愚，既送去自己的思念，也给老友一番激励。可惜，这份思念无法送达。赵汝愚被置于刀俎间，危在旦夕。他一直担心赵汝愚的命运，想知道又怕知道相关的消息。终于，第二年正月末，赵汝愚的噩耗传来：被贬到衡阳时，汝愚遭到当地的守臣钱鍪——韩侂胄的爪牙——的侮辱，他不堪其辱，遂服药自尽。朱熹听说后僵立了好久。衡阳远隔千里却如此切近，他满腔的悲愤和眼泪，如同穿越衡阳的滔滔湘流。湘水中曾经埋葬过"信而见疑，忠而被谤"的屈原，一千多年后，江畔又多了一位冤死的忠魂。他即日动身赶往寒泉哭吊，又到赵汝愚的女婿家里祭奠汝愚的亡灵。

敌人并没有就此收手，气焰反倒更嚣张了。虽然赵汝愚已死，但朱熹还在，朱熹的道学思想在科举和教育中已经深入人心。他们必须斩草除根，肃清道学思想的"余毒"，才能扭转舆论风向。庆元二年（1196）二月京镗任右相，谢深甫任参知政事，何澹任同知枢密院事。叶翥、倪思、刘德秀借春试的机会上了一道奏疏，说：

"道学影响青年士子已经二十多年了，名为道学，其实是'伪学'。他们在儒家的五经之外又另起炉灶，把邪说编成了语录，在士子中间广泛流传，把文风都带坏了。希望朝廷告诫士子，自今以后，认真学习六经子史，不要再阅读和传播朱熹语录，不再为欺世盗名的伪学推波助澜。希望中央的太学和地方的州县学要加强管控，如果不加监管，将追究罪过。"

这道奏疏被采纳了。因此本年考卷中凡是涉及"道学"言论的，一概被刷落。六月十五日，国子监又上奏章请求禁毁理学书籍，朱熹的《四书章句集注》和《语录》都在禁毁之列。由此开始，凡考生参加考试，递交的家状上必须写明"委不是道学"五字，也就是表明自己与道学绝无关系，才能进入考场。很多道学弟子急于撇清关系，转投了别的老师，有的连原来的儒者衣服都换了。

黄榦是朱熹的弟子和女婿，比别人更紧张。他写信给朱熹说："先生，为今之计，看是否关闭沧洲精舍，避避风头再说？"

朱熹回信说："无须关闭精舍。朝廷的学禁未尝不是好事。原来到精舍问学的人数众多，真伪难辨，现在的学禁就像一个大熔炉，能辨别真伪，看出金子的成色了。"

朱熹按时给弟子讲学，师生之间照常质疑问难，沧洲精舍中每天仍然书声琅琅，外面的风暴似乎和他们毫无关系。

沧洲精舍越是安如磐石，反道学党就越要加强攻势，这次他们要对朱熹发动正面进攻了。八月九日，太常少卿胡纮奏论"伪学"猖獗，图谋不轨，请将"伪学"升格为"伪党"。这个罪名可就更大了，因为"结党营私""党同伐异"一向是朝廷的大忌，也被视为历代亡国的重要原因。这位胡纮为什么要出此狠招呢？原来他曾经去武夷精舍去求学，发现朱熹招待学生只有脱粟饭，和用姜、醋浸过的茄子而已。胡纮是惯于吃肉喝酒的贵公子，受不了这苦，就愤然离开了武夷山，对别人说："山中的鸡、酒并不缺乏，为何用这种粗陋的饭食招待学者！"其实这都是他的想象，建阳水旱不断，粮食也常常告急，朱熹和大家吃的也一般无二，哪里去吃肉喝酒！胡纮就这样因为伙食问题造反了。不过要攻击朱熹，胡纮还有几分顾忌，他没有亲自出马，而是授意新任监察御史沈继祖去做。沈继祖料想富贵的机会来了，立即出马，弹劾朱熹有六大罪状：

一、朱熹以糙米养母，不孝其亲。

二、朱熹不听从皇帝的诏命，不敬于君。

三、朱熹欲改葬孝宗灵柩，不忠于国。

四、朱熹受奉赠之恩后又辞职，玩侮朝廷。

五、朱熹追随赵汝愚，图谋不轨。

六、朱熹霸占县学，有害风教。

更有一位叫余嚞（zhé）的学官上书请斩朱熹，连韩侂胄的一干党人听了都觉得此举太冒失，立即否决了。他们觉得朱熹是一代学术宗师，海内尊仰，一旦杀掉将后患无穷。他们与皇帝共同协商的结果，是将朱熹落职罢祠，也就是将他的祠禄官和最后那点俸禄也剥除了。同时朱门弟子蔡元定也被流放。蔡元定精于风水之学，改葬孝宗、县学选址时曾给朱熹出谋划策，被反道学党视为"妖人"，被编管道州。

县里很快派来了公差，来逮捕蔡元定。蔡元定神情自若，也没有跟家里人告别，就跟公差走了。朱熹得知消息时，蔡元定和公差已经乘船上路。朱熹跟弟子一百余人说："元定被流放，必将经过瀛洲桥东的净安寺，诸位陪我速去给他饯行吧。"就这样，朱熹率领弟子匆匆赶路，终于在第二天赶在蔡元定之前到达净安寺。他们简单准备了一桌酒肴。过了许久，蔡元定在两名公差的押送下到了。陪同蔡元定的还有小儿子蔡沈。朱熹征得公差的同意，给蔡元定暂时卸下枷锁，在席间坐下来。两人没有一句寒暄，也顾不上饮酒，一见面就探讨《周易参同契》的话题。《参同契》是采用《周易》的卦爻形式解说炼丹之法的道教著作，这是朱熹目前最关心的一部书，疑问也最多。而太极阴阳、道教修炼正是蔡元定的强项，所以他要向弟子蔡元定虚心请教。他们切磋论学，质疑问难，和以前在书院中的学问讨论没什么两样。身边有一两个人见此情景，竟忍不住哭出声来。朱、蔡二人却好像没有听到。

谈兴正浓时，公差过来提醒说："朱先生，时间已经不早了，蔡元定该上路了。"朱熹举起酒杯说："季通（蔡元定的字），净安寺一会实在难得，朋友之情，不挫之志，尽在席间了！"

蔡元定也举起酒杯，一饮而尽。然后吟了一首诗：

执手笑相别，无为儿女悲。轻醇壮行色，扶摇动征衣。断不负所学，此心天所知。

吟罢，给朱熹深深地鞠躬行礼，然后站起身来，说道："先生，保重！"就戴上了枷锁，随着公差，连同自己的儿子徒步走了。此时天已黄昏，蔡元定一行人的背影也越发模糊。朱熹站在原地，一直站到天色变暗。这时四野阒寂，听到的只有江流

蔡元定拜别朱熹，戴上枷锁，徒步走了。

的絮语。他没有眼泪，只被一种越来越强烈的孤愤所支配。就像一位琴师演奏时突然琴弦崩断，一下子怔在那里。

蔡元定在季子蔡沈的陪同下徒步三千里，走得两脚流血，一路血迹斑斑，最终到达了道州贬所。第二年（庆元四年，1198）八月九日，元定便病死了。

朱熹像风波中的小船，知道接下来会有更大的风暴。看来，韩侂胄非要把这艘道学之舟掀翻在波涛中不可。闰六月六日，监察御史刘三杰向皇帝面奏："伪学之党，已变为逆党，须严防严治才可！"十二月二十九日，知绵州王沇上书请设立伪学之籍，于是开列了一份五十九人的伪逆党籍。

形势极度紧张。有人劝朱熹解散精舍以避祸。朱熹不以为然，仍旧著述不辍。

朱熹稳如泰山，但毕竟又处在风暴的中心。他每天听到各种消息：

庆元四年九月，韩侂胄加少师，封平原郡王。朱熹门下的叛徒傅伯寿深受韩侂胄信赖，已升任签书枢密院事；韩侂胄曾经的老师陈自强也由谏议大夫、御史中丞升任签书枢密院事。

二是道学派人士被贬的消息。留正在刘德秀的攻击下谪居邵州；黄由、杨方、黄灏、陈谦先后被劾罢。黄由本为吏部侍郎，向皇帝建言："皇帝不应该待天下以党羽，不应设立党籍以显自己心胸不广。"不久便遭罢。庆元五年（1199）二月，刘光祖因为《涪州学记》鼓吹道学而被贬谪房州。

他还不断听到道学人士死亡的消息。庆元党禁的那份名单他再熟悉不过，而那些人正在一个个地消失，他默数着：张构、郑湜、黄艾、邓驲、吕祖俭、蔡元定、吴必大……。

这些消息越来越多。如今，自己是最著名的"后死者"了。朱熹对弟子说："现如今，我的头常如粘在脖子上一样。"

但他对生死已经看淡，想想自己已经六十九岁，此生艰险备尝，只欠一死了。庆元四年（1198）十二月，他向朝廷提出告老：因为自己明年七十岁，正是退休的年龄。朝廷竟也批准了。朱熹从沧洲精舍回到了建阳考亭，学生们也跟着转移到了考亭。女婿黄榦也迁到考亭来住下，除了听讲外，更可以随时照料朱熹。这段时间奇怪得很，朝廷反倒有些风平浪静了。

四

但人祸稍稍平息，病魔却又来纠缠。庆元四年以来，朱熹就被各种疾病困扰，使他有大限临头的不祥之感。入春以后，他足疾大发，服药无效，引动了脏腑，病情迅速恶化。庆元五年闰二月他又误服了庸医的药方，上体极热，下体极冷，而且腹泻不已。眼见着他瘦削了许多，走路也越来越吃力。

朱熹觉得来日无多，可正因为如此，才更要抓紧时间做点事情，少留遗憾。朱熹除了每天仍然讲学不辍外，还有许多著述也有待完成。他的《资治通鉴纲目》已经写完了一大半，但肯定无法完成了。他想来想去，便委托赵师渊继续编写《纲目》。《礼书》就交由得意弟子、女婿黄榦去整理完成。他又将注解《尚书》的任务全部交给蔡沈去做。为了讨论《尚书》的写作，蔡沈干脆长期住在考亭的清邃阁上，师生朝夕讨论。而《四书》系列著作中，朱熹一直在修订的就是《大学章句》。虽然病躯衰弱，他仍然伏案疾书，或卧在病榻上阅读、修改，直到深夜。

很快就进了三月。阳光通过窗棂照射进来。他听见窗外万籁有声，鸟语如唱。他感受到了春天的融融暖意，可他的身体已虚弱得像一片薄纸。初六那天，他想像平时那样由蔡沈搀扶着出去走走，尝试着从床上起来，却动不了身。蔡沈、叶贺孙赶快过来搀扶，朱熹冲他们摆摆手，觉得一阵眩晕，头疼欲裂，只得又躺下来。蔡沈赶快请来了医生，又召集其他弟子，守护在床边，日夜照料。医生开了些药，但并没有多少效果，朱熹的脉息已经很微弱。

这样又过了两天。

初九的五更时分，朱熹虽然病势沉重，但仍旧清醒。他知道黄榦因教书去了福州，还没有赶回来。小儿子朱在因选调官职，远在千里之外。身边站立九名弟子：蔡沈、林夔孙、陈埴、叶贺孙、徐寓、方伯起、刘成道、赵惟夫、范元裕。他的眼泪没有忍住，从眼角滚落下来，直到枕边。他先是示意弟子拿来纸笔，挣扎着起来，勉强给黄榦写道：

> 病昏且倦，作字不成，所怀万千，德切凄黯，不具。

又把目光投向众弟子，吃力地说："道理只是如此，大家只有做些艰难功夫，牢固地去用力，方有进步啊。"

随后，他的眼神若有所思，但已说不出话。

弥留之际，他在想什么呢？他可能是忆起了崇安五夫里的少年时光，想到了刘子翚、刘勉之、胡宪、李侗这些优秀的老师，想到了张栻、吕祖谦、陆九渊、陈亮这些性格各异、学问各异的知交或辩友。这些人早已远去，自己也将同他们一起远去，形骸即将消失。可他自信：自己已经闻道，故夕死可矣。

卧室中沉默了许久，大家看见老师的眼睛闭上了，呼吸也停了，而面容仍旧安详。

黄榦接信后飞速返回，但先生已经与世长辞了。

十一月二十日，蔡沈主丧役，黄榦主丧礼，埋葬朱熹于建阳唐石里后塘九峰山下的大林谷。参加会葬者有近千人之多。两位诗词大家陆游、辛弃疾都是朱熹的生前好友，也不远千里前来送葬。

辛弃疾的祭文尤其感愤而慷慨：

> 所不朽者，垂万世名。孰谓公死，凛凛如生！

但相比而言，可能还是朱熹自己的诗句更能写尽他的生前身后：

> 莫向人前浪分雪，世间真伪有谁知！

这是他庆元五年《寄江文卿刘叔通》中的两句，也是对历史的反思：身后的是非，谁能管得呢？

他不曾想到，自己精研和传播的学术，最后竟被斥为"伪学"。当然他更不曾想到，他死后又过了七年（开禧三年，1207），韩侂胄因北伐失败被杀，曾经欲将道学人士赶尽杀绝的"党禁"也渐渐松弛。宁宗嘉定三年（1210），皇帝追谥朱熹为

"文"，世称朱文公。嘉定五年（1212），宁宗听从朱熹弟子刘爚的建议，将朱熹的《四书章句集注》颁于太学，作为教科书。又过了十多年，理宗皇帝即位，开始大力表彰朱熹和他的理学，诏赠朱熹为太师，追封信国公。后又改封为徽国公，并下诏将朱熹从祀孔庙。这关于朱熹的一切的一切，却都是朱熹的身后事了。

朱熹
生平简表

● ◎ 宋高宗建炎四年 (1130)

九月十五日,生于福建尤溪。

● ◎ 绍兴十三年 (1143)

迁居至建州崇安县的五夫里,投靠父亲好友刘子羽,开始从学于胡宪、刘勉之、刘子翚。

● ◎ 绍兴十八年 (1148)

登进士第,中第五甲第九十名。

●◎绍兴二十一年（1151）

二十二岁，授泉州同安县主簿。

●◎绍兴三十二年（1162）

六月，孝宗皇帝即位，八月，朱熹应诏上封事，即《壬午应诏封事》，其中力陈格物诚意，反对与金人议和。

●◎宋孝宗乾道六年（1170）

正月，在建阳的崇泰里建寒泉精舍，开始了寒泉讲学生涯。

●◎淳熙二年（1175）

五月下旬，朱熹、吕祖谦到信州鹅湖寺与陆九渊及江浙诸友相会，是为鹅湖之会，最终不欢而散。

●◎淳熙四年（1177）

朱熹在晦庵草庐、寒泉精舍和潭溪紫阳楼，修订总结自己的经书和四书学著述，终于序定了《大学章句》和《中庸章句》。

● ◎ 淳熙六年（1179）

二月，赴南康任途中寓居江西铅山，三月，陆九龄来访。五月到南康军任，在任两年，兴利除弊，大修荒政，期间修复了白鹿洞书院。

● ◎ 淳熙八年（1181）

八月，改除提举两浙东路常平茶盐事。

● ◎ 淳熙九年（1182）

八月，由于王淮的安排设计，软硬兼施，除朱熹为江南西路提点刑狱公事。朱熹辞，归崇安，以此表示抗议。

● ◎ 淳熙十年（1183）

四月，筑成武夷精舍于武夷山之五曲大隐屏下。

●◎淳熙十二年（1185）

_____

这年春天，与陈亮开始书信往还，辩论王霸义利。

●◎淳熙十五年（1188）

_____

三月，朱熹以周必大与杨万里等人推荐入朝为官，启程入
都。七月，主管西京嵩山崇福宫。

●◎淳熙十六年（1189）

_____

八月，除江东转运副使，乃罢祠崇福宫之命。十一月，改知
漳州。朱熹连上两道辞免状，十二月终于拜命。

●◎宋光宗绍熙元年（1190）

_____

四月，朱熹到漳州。在任仅一年，政绩卓著。

●◎绍熙三年（1192）

_____

六月，建阳考亭新居落成。

●◎绍熙四年（1193）

二月，差朱熹主管南京鸿庆宫。十二月，差朱熹知潭州荆湖南路安抚使，两辞后拜命。

●◎绍熙五年（1194）

五月，朱熹抵达潭州任。在任仅三个月，修复岳麓书院，四方学者毕至。

●◎宋宁宗庆元元年（1195）

正月，陈亮卒，朱熹为书墓碑。十二月，诏朱熹为秘阁修撰，提举南京鸿庆宫。

●◎庆元二年（1196）

是年朝廷攻击程朱之学甚急，太常少卿胡纮诬理学之士为"伪党"。十二月，监察御史沈继祖奏劾朱熹六大罪。

●◎庆元四年（1198）

十二月，朱熹以明年年及七十，申乞致仕。

●◎庆元六年（1200）

朱熹病逝。